Werner Schroeter

Reihe Film 20

Mit Beiträgen von
Sebastian Feldmann
Hans Jansen
Dietrich Kuhlbrodt
Daniel Schmid
Walter Schobert
Wolfram Schütte

Carl Hanser Verlag

Die Reihe Film wird herausgegeben
in Zusammenarbeit mit der
Stiftung Deutsche Kinemathek
von Peter W. Jansen und Wolfram Schütte

Redaktionsschluß: 15. Januar 1980

Reihe Film 20
ISBN 3-446-12855-7

Reproduktionen: Repro Knopp, Inning
Umschlagfoto: Digne Meller Marcovicz
Gesamtherstellung: Appl, Wemding
Printed in Germany

Reihe Film 20 · Werner Schroeter

Die Reihe Film stellt das Werk von Regisseuren, bestimmte Genres oder andere übergreifende Themen des internationalen Films in Monografien vor. Dabei werden die einzelnen Bände unter wechselnden Perspektiven und verschiedenen Aspekten erarbeitet. Eine umfangreiche Filmobibliografie gehört zu jedem Band.
Der 1945 geborene Werner Schroeter gehört seit seinem 1969 entstandenen Farbfilm *Eika Katappa* zu den herausragenden Vertretern des deutschen Avantgarde-Films. Er beruft sich auf die Wahrheit der großen Gefühle. So entschieden wie er ist keiner Melodramatiker. Der episodische, fragmentarische, rhapsodische Charakter seiner Filme, die ihre Vorlagen aus populären und künstlerischen Mythen beziehen, wird zusammengehalten vor allem durch einen Musikteppich, dessen Patchwork Schroeter teils aus italienischen Opern des 19. Jahrhunderts (Verdi, Donizetti), teils aus populären, sentimentalen Schlagern des 20. Jahrhunderts knüpft. Wider die Trennung von Hochkultur und Kitsch opponierend und deren ironische Konfrontation abweisend, hat Schroeter hochromantische Filme gedreht (u. a. *Salome, Der Tod der Maria Malibran*), deren herausfordernder Ästhetizismus umstritten ist. Mit *Regno di Napoli* (1978) und seinem neuesten Werk, *Palermo oder Wolfsburg* (1980), scheint er eine Wende zum epischen Film einzuschlagen, in dem gleichwohl seine melodramatischen Vorlieben erhalten bleiben.

Die Autoren

Sebastian Feldmann (1943, Berlin). Studium Germanistik und Philosophie in München und Bochum. Freier Journalist. Seit 1976 Redakteur im Feuilleton der „Rheinischen Post", Düsseldorf.

Hans Jansen (1934, Dorsten/Westf.). Studium Germanistik, Theaterwissenschaften, Philosophie in Münster, Berlin, Wien. Dr. phil. Seit 1963 Kulturredakteur bei der »Westdeutschen Allgemeinen Zeitung«, Essen.

Dietrich Kuhlbrodt (1932, Hamburg). Studium Rechtswissenschaft. Dr. iur. 1954–55 Besucher der Cinémathèque Française in Paris. 1957–72 Mitarbeiter der »Filmkritik«. 1975 wegen seines »Eintretens für Frieden & Gerechtigkeit in der Welt« Commandeur der »Etoile de la Paix« der »Combattants Alliés en Europe«. Beiträge für »Frankfurter Rundschau«, »Die Zeit«, »Kirche und Film« u. a.

Daniel Schmid (1941, Flims). 1966–69 Studium an der Film- und Fernsehakademie Berlin. Mitarbeiter bei Werner Schroeter und Rainer Werner Fassbinder. Filmregisseur (*Heute nacht oder nie, La Paloma, Schatten der Engel, Violanta,* s. Reihe Film 17 »Film in der Schweiz«).

Walter Schobert (1943, Erlangen). Studium Evangelische Theologie und Theaterwissenschaft. 1967–69 Vikar. 1970–73 Filmreferent der Ev. Konferenz für Kommunikation. Freier Mitarbeiter bei »Frankfurter Rundschau«, »Kirche und Film«, »Zoom«. Seit 1974 Leiter des Kommunalen Kinos in Frankfurt a. M.

Wolfram Schütte (1939, Frankfurt a. M.). Studium Germanistik, Soziologie und Philosophie in Frankfurt. Seit 1967 Feuilletonredakteur der »Frankfurter Rundschau«. Beiträge in Reihe Film: »Buster Keaton«, »Luchino Visconti«, »Herzog/Kluge/Straub«, »Pier Paolo Pasolini«, »Jean-Luc Godard«.

Inhalt

Erfahrene Erfahrung
Über den Umgang mit Werner Schroeter, will sagen seinen Filmen
Von Dietrich Kuhlbrodt 7

Die Schönheit des Widerspruchs
Der Theaterregisseur Werner Schroeter
Von Hans Jansen 43

Interview
Von Daniel Schmid 57

Kommentierte Filmografie
Von Sebastian Feldmann 85

8mm-Filme 85
I. Amateurismus 86
II. Maria Meneghini-Callas 86
III a. Übungen mit Darstellern (stumm) 93
III b. Übungen mit Darstellern (in Berlin) 96
IV. 8mm-Spielfilme 97
La morte d'Isotta 97
Paula – je reviens 100

V. Filme in 16 und 35 mm 103
Aggressionen 103
Faces 107
Neurasia 108
Argila 113
Eika Katappa 120
Der Bomberpilot 132
Salome 136
Macbeth 144
Der Tod der Maria Malibran 146
Willow Springs 152
Der Schwarze Engel 158
Johannas Traum 164
Flocons d'or. Goldflöckchen 168
Regno di Napoli. Neapolitanische Geschwister 177
Palermo oder Wolfsburg 184

Daten
Von Walter Schobert 193

Biografie 193
Filmografie 194
Bibliografie 203

Erfahrene Erfahrung
Über den Umgang mit Werner Schroeter, will sagen seinen Filmen

Von Dietrich Kuhlbrodt

Was mich beim Werner anzieht, das ist dessen tolle Identität. Person und Werk gehen ineinander auf, so theatralisch es auch zugeht. Ob Werner nun in den ersten 8 mm-Filmen (OHNE TITEL 3 und OHNE TITEL 6) im lockeren Gewand vor der Kamera agiert oder ob Magdalena Montezuma in Mexiko den wahren Glauben sucht (DER SCHWARZE ENGEL), gleich bleibts der Werner Schroeter, der mir nächtedurch (1978 in Bochum) von sich und allen anderen erzählte: von Erfahrungen, die sämtlich etwas unverantwortlich Einladendes an sich haben. Nun ist mir schon klar, daß ich hier einen Essay schreiben soll, der sorgfältige, nachvollziehbare Formulierung verlangt. Desungeachtet möchte ich aber auch durch die Schreibweise zum Ausdruck bringen, daß die Filme vom Werner keine Materie sind, die sich mit dem üblichen intellektuellen Handwerkszeug

Ohne Titel 3 oder *6*

Neurasia

behandeln ließen. Der direkte Appell seiner Filme liegt auf anderen Ebenen als denen des Worts. Wenn Carla zur Callas tanzt (CARLA TANZT CALLAS) oder wenn sie mit Magdalena Rollen tauscht (NEURASIA) wird einem heimatlich ums Herz. – Tja, ich habs prima trainiert, mich verbal zu arrangieren und ohne schuldhaftes Säumen die sichersten Urteile zu fällen. Daß ich aber früher, als ich noch klein war, viel mehr erleben konnte – daß der Raum um mich herum frei und groß war –, daran erinnern mich Carla und Magdalena. Sie erinnern an Sehnsüchte und erträumte Welten, an Maria Callas und Caterina Valente. Keine nostalgischen Sentiments, sondern eigene, präsente, aber verkümmerte Gefühle. Sehnsüchte – Gefühle – Gemüt. Firmament und Sternenhimmel.
Ich bin noch nicht ins Schleudern gekommen. Doch verlangt diese irrationale Schiene nach einem verantwortlichen Zitat: »Kunst ist ... ein Fernrohr unserer inneren Sinne, durch wel-

Eika Katappa

ches wir neue Sterne am Firmamente unseres Gemütes entdecken wollen«, schrieb Tieck am 24. Februar 1804 an Runge.[1] Jetzt müßte ich begründen, warum ich von Schroeter ausgerechnet auf Tieck komme. Das werde ich freilich erst später tun, um mich nicht zu verhaspeln. Immerhin finde ich das Zitat schon an dieser Stelle passend. Es soll mir helfen auszudrücken, daß die Schroeter-Stars, ob Carla, ob Callas, nicht Selbstzweck sind, sondern für den Versuch eine Rolle spielen, unsere Sinne aufs eigene Gemüt zu richten. Die schroetersche Kunst ist uns, wie die tiecksche, Vehikel zum Transport ins Vertikal-Irrationale: in tiefere (oder, um im Bild zu bleiben, höhere) Gefühlsschichten. Zu kurz faßt daher ein Kunstbegriff, der sich eindeutig bestimmten Objekten nähern möchte; freilich hätte ichs dann auch leichter, mich zu verbalisieren; aber der Wahlspruch, den Heine an Gutzkow schrieb: »Kunst ist der Zweck der Kunst«[2], führt hier nur zum Bild, daß eine Rose eine Rose eine Rose eine Rose ist. Sie kommt auch vor, in EIKA KATAPPA. Zwei Hände halten sie. Und doch wärs zu wenig zu registrieren, daß Kitschkitschkitschkitsch ist. Die rote Rose in den Szenen der verbotenen Liebe in Neapel transportiert uns in die Gefilde des höchsten Gefühls – Gefilde, in denen es längst nicht mehr darum geht, Urteile zu fällen. Mag man die Liebe verbieten, mag man die Kitschrose verbieten, die *Erfahrung* des großen Gefühls bleibt unversehrt.

Wie ich mit meinen Zitaten darauf einstimmen möchte, daß Schroeter an eine große Tradition knüpft, so soll der Hinweis darauf, daß seine Filme nicht Urteile, sondern Erfahrung vermitteln, auf die Rolle der Musik überleiten.

Musik und Tod

Die Erfahrung der Musik ist bereits Gegenstand der ersten Filme. Dem hymnischen 8 mm-Film MARIA CALLAS SINGT 1957 REZITATIV UND ARIE DER ELVIRA AUS ERNANI 1844 VON GIUSEPPE VERDI folgt noch im selben Jahr 1968 MONA LISA. Schon in diesem Film gehts nicht mehr ums Idol allein, sondern um den Kult schlechthin. Das Idol wechselt: das Illustriertenfoto, das Callas, die Tigerin, zeigt, blendet sich über in die Reproduktion der Mona Lisa. Cherubini, Verdi und Donizetti verlieren sich im stereotypen Dschu-dschu-dschu-didai der Valente-Schlager (»Die Liebe, die Hoffnung, das Glück«, »Drei Rosen«, »Ein Traum in den Himmel hinein«).

Nicht wahr, es geht nicht um die Callas, die Valente, Verdi und Mona Lisa, sondern um denjenigen, der diese schönen Dinge erfährt. Daher ist es nur konsequent, wenn Schroeter – im selben Jahr 1968 – Carla Aulaulu filmt, Carla, Carla und nichts als die Carla (CARLA TANZT CALLAS). Und es ist auch nicht mehr nötig, die Musik wiederzugeben, zu der sie ekstatisch singt. Der Film ist stumm. Aber deutlich wird, daß er in der Wohnung der Musik-Hörenden gedreht ist (1968 in Berlin) und daß ins Bild kommt, wer dazugehört (Rosa von Praunheim an der Kamera).

Die Erfahrung ist so absolut zu nehmen, wie *die* Musik. Wir sind über den Bereich hinaus, wo es darum ginge, über die Qualität der Musik und ihrer Interpreten zu rechten. Als Vehikel dient beides: Artifizielles und Triviales. Und kleinlichpositivistisch wäre es, über das Mittel zu streiten, da der Zweck heilig ist. Als Heilige, als Superstars erscheinen denn auch die Vermittlerinnen der Musik. Im 8 mm-Film MARIA CALLAS PORTRÄT filmt Schroeter Wort für Wort die überschwengliche Besprechung einer »Lucia di Lammermoor«-Aufführung ab: »Die Callas schwebt in einem wallenden, gefälteten weißen Gewand herein, ein Mensch, der dieser Welt schon entrückt ist ... Sie steigert sich dann in die Kadenzen des Irreseins ... krönt die Szene des Zusammenbruchs mit einem hohen Es, das zugleich sängerisches Brillantstück und erschütternder Todesschrei ist.«

1968, im ersten Jahr, in dem Schroeter filmt, ist bereits alles da: der Überschwang bleibt, gleich ob Caterina Valente musikalisch und Carla Aulaulu optisch die Rolle des Idols übernimmt. Carla, die Callas tanzend, führt ein ins Kultische, das sich selbst Gegenstand, selbst Zweck ist. – Einem Fanclub wärs schon nicht recht, daß die Valente an die Stelle der Callas träte. Doch dem, der die Musik erfahrend, *sich* erfährt, gehts nur um sein Hochgefühl. So nimmt denn der Schroeter die Callas, die Valente sich zur Lust. Da dies, wenn auch orgiastisch, so doch nicht ohne Art vonstatten geht, taumeln Carla Aulaulu, Magdalena Montezuma, Gisela Trowe, Rita Bauer (ARGILA, NEURASIA) in die höchste Sinnenlust. An die Stelle des Fotos der Tigerin, an die Stelle hymnischer Texte tretend, verkörpern sie die Ekstase des Hörens. Das geschieht so unvermittelt, so ungebremst und rücksichtslos, daß das Absolute des Hörens eins wird mit dem Absoluten der letzten Wollust: dem Tod.

»La mort, la mort, la mort« beschließt die FLOCONS D'OR, als die Clochardin vor der Pariser Oper zu Boden sinkt. Entseelt sind schließlich alle Heldinnen in Schroeters Filmen, aber der Geist der Musik schwebt über den Wassern. In NEURASIA ist Carla Meisterin des Werdens & Vergehens. Sie verstirbt als alternde Kurtisane, als schwindsüchtige Hure, als Urchristin, stets wiederkehrend, die gleiche Erfahrung und Erfüllung suchend.

»Seither achte ich den Wunsch der Toten«[3] (LA MORTE D'ISOTTA): seit 1968 feiert Schroeter das Sterben als mystische Lust. »Wenn ich sterbe, bin ich«, weiß DER SCHWARZE ENGEL, und die geschmückten Käfer krabbeln in Großaufnahme über die Brustwarze hinweg.

»... und mein Stamm sind jene Asra, welche sterben, wenn sie leben« (DER TOD DER MARIA MALIBRAN). Marias Tod sterben in diesem Film alle Darsteller, ihre Rolle an- und ablegend. Im selben Film drücken zwei schöne Frauen einander die Pistole in den Bauch; den Schuß lösend, sinken sie in glutvoller Umklammerung zu Boden. Inbrünstig hat Schroeter ins Bild gesetzt, was auf der Tonspur seiner Filme inbrünstig (und das heißt doch wohl: mit geschlossenen Augen) gehört werden kann: Verdi, Donizetti, Bizet, Schlager der 50er und 60er Jahre. Das Besondere, Unverwechselbare seiner Filme ist, das Archaische, Naive, Unkontrollierte und Triebhafte des *Hörens* in den Personen seiner Melodramen ausgestaltet zu haben.
Das Hören hat eh eine schlechte Presse gehabt bei den Verwaltern der Kultur. Adorno verdächtigt es regressiver Tendenzen. Da es sich der Kontrolle entziehe, wird dem Hören zur Aufgabe gemacht, artifizielle Feinarbeit zu leisten und die Technik musikalischer Strukturen zu goutieren.
Schroeter, das wird augenfällig, entzieht sich solchen Pflichten. Er setzt das Hören für Zwecke ein, die etwas einbringen, wiederbringen. Emotionen etwa, ungebremst bis zur Todessehnsucht. Der Appell an das Einstimmen, das »... und jetzt: alle!« Die Forderung wird aber nicht expliziert. Wer mitmacht, zur Gemeinde kommt, gewöhnt sich im Mithören. So lassen sich die Bilder Zeit; die Gesten von Carla, Magdalena wiederholen sich. Und hat die Sympathieschwelle das Niveau erreicht, dann stellt sich wer dazu, stimmt ein. So wie die archaische Musik einst im Kult die Gemeinde versammelte und vergrößerte, scharen sich die Zuschauer um Carla und Magdalena. Sie identifizieren sich mit den gespielten Emotionen. Die Kommunikation geht zwanglos vonstatten, relaxed und schamlos dazu. Mehr noch als die Musik steckt das hemmungslose Beispiel der schroeterschen Zuhörerinnen/Schauspielerinnen an: sie schämen sich nicht des Pathos, das laut Adorno aber »keinem einzelnen mehr zukommt«, und enttäuschen aufs Ruchloseste des Meisters schmallippige Erwartung, daß der gegenwärtigen Generation »Menschen, die singen, als ob das natürlich wäre, und dazu agieren, wie man es auf der Bühne vor hundert Jahren tun mochte, unerträglich sind«.[4]
Freilich funktioniert das schroetersche Pathos deswegen so gut, weil Musik und deren gestische Entsprechung asynchron

sind. Nur locker und eher atmosphärisch finden Bild und Ton ihre Beziehung: ein Nebeneinander, dessen Parallelen dafür sorgen, daß sowohl Musik wie Geste absolute Größen bleiben. Schon recht, zum dreifachen »La mort« hält Magadalena die Pik Dame ins Bild (FLOCONS D'OR); aber sie ist nicht Carmen, sondern die theatralische Zuhörerin, die expressiv Besessene. Mit Magdalena identifizieren wir uns, nicht mit der Arbeiterin Carmen.

Deutlicher wird das unbestimmte Intensive, wenn die Musik jäh überspringt vom Gebet der Leonore aus Verdis »Macht des Schicksals« (»al santo asilo accorrasi«) zum Lied der Valente (»Wer spürt der Sonne Kraft, die tausend Wunder schafft und doch des Rückens Kraft dir beugt«) im II. Teil des EIKA KATAPPA. Nicht präzise, aber übers Ambiente kommen die theatralischen Frauen-Gestalten auf einen allgemeinen Nenner: das elementare Aufbegehren der einzelnen gegen die Zwänge der herrschenden Gewalten, die Würde des Individuums gegen die unmenschlichen Mechanismen von Sitte & Anstand.

Text und Gebärde

Wie der Musik rückt Schroeter dem Text auf den Leib. Er geht sanft lächelnd darauf zu, nimmt ihm die seriöse Gewandung ab – sie gehört schließlich nicht dem Text, sondern unseren Germanisten – und so, entblößt, weckt der Text unsere Sinne, Glut & Leidenschaft. DER SCHWARZE ENGEL läßt unentwegt das tollste verbale Pathos ab. Von der deutschen Romantik zum »Zum letzten mal grüß ich dich, Glauben der Väter«. Von »Es ist, wie es ist, und es ist fürchterlich« zu »Oh Mensch gibt acht, was spricht die tiefe Mitternacht?«. Von Hans Henny Jahnn zu Nietzsche mäandert das Wort, und es ist ein beiläufiges Vergnügen, den Urheber zu identifizieren. Magdalena Montezuma hat das abgetane Kulturgut zu ihrer Existenz gemacht. Man hört Texte, die man schon gehört hat. Irgendwie. Man spürt ihre Nähe, ihre Ausdünstung, und im Moment, da die Ekstase überspringt – und sie tut es –, werden Titel, Rang & Ehrenzeichen bedeutungslos. Oder um ein anderes Bild zu finden, –

Nicht nur, daß die schroeterschen Filme Tableaux entwerfen,

ich bin guten Muts darzutun, daß es – in der Reihe Hanser notgedrungen verbal – kein schlechtes Mittel ist, sich dem Tableauentwerfer Schroeter bildhaft zu nähern. Denn er *findet*, erfindet nicht, was unter-/oberhalb der verbal-diskursiven Schichten unseres Bewußtseins liegt. Legitim scheint mir daher eine kreisende, spielerische Annäherung, die auch vor einem Frankenstein-Bild nicht haltmacht, –
Frankenstein also, den man sich flugs als Magdalena Montezuma vorstellen mag, er also stückelt in keuchender Erwartung das disparate Gliederwerk zusammen, und *ein* neues Leben erwacht zu Blitz & Donnerschlag. Magdalenas Text im SCHWARZEN ENGEL *ist* zu neuem Leben erwacht, monströs, aber *einladend* ungeheuerlich.
Schroeter verführt erfolgreich dazu, den andressierten Respekt vor den gewaltigen Worten aufzugeben. Dieser Akt führt wahrscheinlich zum bivalenten Verhalten des Rezipienten, der sich, wie in ARGILA, auf einen sogenannten Trivialtext eingelassen zu haben meint und dann, mit dem lüsternen »Das darf doch wohl nicht wahr sein«-Erschrecken des Beteiligten gewahr wird, wie ihm Lautréamont[5] untergejubelt wird: »Schnell, sage mir, ob du leidest« oder »Wie blaß du bist! Bevor dieser Abend zu Ende geht, wird ein Unglück uns alle drei in den See der Verzweiflung stürzen!«
Daß die Texte gefunden sind und gleichermaßen zitiert wie zelebriert werden, hat Schroeter bereits in LA MORTE D'ISOTTA ins Blickfeld gerückt. Dort filmt er aus einem Buch Sätze der achten Strophe des ersten Maldororschen Gesangs ab.Die Kamera, die überschwenglich Satz für Satz den Text entlangfährt, ist es jedoch, die die Annäherung vollbringt. Wir registrieren nicht – nur – den Text, sondern vor allem die Kraft und die Leidenschaft dessen, der sich ihm nähert. Schroeter hat sich den Textfund zu eigen gemacht, ihm einen *eigenen* Sinn gegeben. In WILLOW SPRINGS hat er sich den Text – das sogenannte Tagebuch des Michael – zum Teil aus dem Müll geholt, ihn in winzige Sinnzusammenhänge zersägt und diese »zusammengesetzt, so wie sie für mich den Sinn ergaben, den ich mit den Bildern haben wollte für die Figur«.[6]
Schroeter bleibt Herr der Dinge, repräsentiert nichts und demonstriert nichts als sich selbst. Deswegen bleibt es inkommensurabel, darüber nachzusinnen, ob er etwa manipuliere, ob er unstatthaft Triviales und Seriöses vereine. Schroeter hält

den Gang der Dinge an und nutzt den Augenblick der Ruhe, um aufatmend um sich zu blicken. Das ist der Moment des Genusses, der Offenheit, der Formlosigkeit, der Zeit zum Leben und der Zeit zum Sterben. Die Zeit verlängert sich zur Ewigkeit, und was nacheinander gehört oder doch in eine ziemliche Rangfolge, wird gleichzeitig und tritt nebeneinander. Das Urteilen wird wie andere eingeübte Verhaltensmuster verdächtig. Lieber bricht die unterdrückte Natur den Bann. Die gefesselten Hände, die die Rose halten (EIKA KATAPPA) – das als Kitsch bewertete Zeichen geronnener Gefühle – befreien sich und aktivieren abgewöhnte Sehnsüchte. Caterina Valente, die in endloser Wiederholung »Die Liebe, die Hoffnung, das Glück« darbietet, mit der Callas und mit der Mona Lisa zugleich konkurrierend (MONA LISA), erhebt den feltzschen Text auf ein Niveau, zu dem die Sprüche Nietzsches, Lautréamonts und Michaels herabsinken, – das heißt auf ein Niveau, das keins ist, weil der Drive der schroeterschen Tableaux ins Bodenlose geht.
»Im Strahl des Mondes erkennt Rigoletto sein Kind. Gilda, noch einmal zu kurzem Leben erwachend, bittet mit dem letzten Hauch ihres Mundes den Vater um Vergebung. Dann sinkt der Narr, erdrückt von der Last des Fluches, über der entseelten Tochter zusammen.«[7]
Wenn sich die Texte auf den Ton von Reclams Opernführer einstimmen, wenn Saint-Saëns, Mozart, Monteverdi, Gounod, die Andrew Sisters, Michael Jary und Peter Alexander Dauer-Ausdruck werden, dann wird der Manierismus legitim, und wie geschmiert transportiert das Vehikel die verschütteten, verkümmerten und abgeklemmten Gefühle, die unsere gebärdenfeindliche Kultur auf Nebenschauplätze abgedrängt hatte: den Elfenreigen überm Bett, ihn abgehängt und dann up to date der Turm der blauen Pferde oder das schönste Kornfeld vom van Gogh.
Das, was man den schroeterschen Eklektizismus genannt hat, ist der Sache nach Instrument, uns mit den oktroyierten Deutungsschemata den Boden unter den Füßen wegzuziehen und – wertungsfrei – eine neue Beweglichkeit herzustellen, die den unterdrückten Impulsen endlich zur Darstellung verhilft.
Das Manieristische und Theatralische ist auf Effekt angelegt. Wenn in FLOCONS D'OR Marietta sich orgiastisch parfümiert, sich einen der geliebten Hunde greift, ihn zwischen die Schen-

Flocons d'or

kel klemmt und enthusiastisch herzt & drückt – wenn sie sich in extrovertierter Manier ins durchaus realistische Straßengewühl wirft, von empörten Blicken wie auch von Magdalena Montezuma verfolgt –, dann wird augenfällig, wie sehr sich der Horizont aufgelöst und in welchem Maße sich die Heldin Marietta die Realität den privaten Bedürfnissen untergeordnet hat. Man möchte diese Szene eine Unverschämtheit nennen. Schamlos ist das.
Aber Mariettas ungebildetes Benehmen hat Effekt. Indem sie diverse Tabus verletzt, grad wie Schroeter in der Stilmischung von Kunst und Kitsch, pflegt sie ihre Identität. Man siehts im Bild, wie gut ihrs tut. Und die Valente tönt dazu aus voller Brust: »Wo meine Sonne scheint«. Übrigens liefert Marietta im Film kein Wort zur Erklärung ihres Verhaltens. Natürlich nicht. Allenfalls wird im Film nachgetragen: »Je ne peux rien expliquer, rien«, und auch das braucht man nicht zu übersetzen (Schroeter hats auch nicht getan). Das Wort zählt nicht, denn »die vom vegetativen und animalischen Grund unserer Existenz entfremdete Bildung wird unterbunden durch ein mi-

metisch expressives Verhalten der Individuen zu ihren inneren Impulsen«. Das hat Wergin sehr richtig zu – Tieck gesagt.[8] Das Wort vom mimetischen Weltbezug sollte man denn auch zur Hand haben, wenn Sprachunkundige oder Redakteure, die sich düpiert wähnen, die Eindeutschung der fremdsprachigen Texte verlangen. In FLOCONS D'OR sind ganze Komplexe spanisch oder französisch gehalten (und in der Fernsehfassung untertitelt worden). Ich will nicht behaupten, daß das Verständnis gänzlich belang- & reizlos wäre. Die Untertitel führen jedoch vom Film weg. Denn sie erwecken die durchaus falsche Erwartung, daß durchs Wort etwas über den Film zu erfahren sei. Sinn aber macht erst die Bewegung, da Magdalena Montezuma mit bluttriefenden Lefzen das Gesicht von der Hose des Geliebten hebt, der auf der Klosettschüssel den Drogentod gestorben ist (FLOCONS D'OR).

Die Fremdsprache ist nur ein Mittel neben anderen, die Sprache als Gebärde wiederzuentdecken. Des Wortsinns geht die Sprache auch in der Verdiarie verlustig. Und zum Libretto, das hinter dem Ausdruck zurücksteht, gerät gar das Shakespearewort, wenn es auf der Bühne von Wildgruber und Magdalena Montezuma zum Entsetzen der Bildungsphilister genuschelt, gestammelt und geschrien wird. »Sprache, meine Damen und Herren, ist ein Ausdrucksmittel von Menschen, wie Gesten es sind, und der Moment, in dem Sprache Geschrei oder Gestammel wird, kann ihr höchster Ausdruck sein«, sprach Peter Zadek zur Eröffnung des Theaters der Nationen 1979 in Hamburg. Dahinter steht Artaud (»Denn außer der Kultur der Wörter gibt es die Kultur der Gesten«), und Frieda Grafe hat uns schon 1970 in der Märznummer der »Filmkritik« Schroeters Gesten als solche vorgestellt, wie sie, »Schaum vorm Mund der Sprache«, gleichzeitig »vollkommen in der Lage sind, Sprache zu ersetzen«.

Folgendermaßen erledigt ein Schlager die Sprache im TOD DER MARIA MALIBRAN: »Deutschland, Frankreich, Friesland, Flandern, und das Lied heißt nur noch la la la«. Im selben Film lobt Magdalena Montezuma die Wortlosigkeit des weißgekleideten Matrosen, der ihr »einen einladenden und wissenden Blick« zuwarf, denn wäre ein Wort gefallen, so wäre es nur »das Übliche« gewesen.

Rollenwechsel und Identität

Mit den Augen Kontakt aufzunehmen, sich mimisch und gestisch mitzuteilen, mittels der so scheußlich benannten Körpersprache, übt sich im Spiel. Franzl führt dies sauber vor. Geduldig, friedlich und nackt baut er (eingangs in FLOCONS D'OR) ein Kartenhaus, während Magdalena ekstatisch Karten mischt. Die Pikkarte, Carmens »La mort, la mort, encore la mort!« lassen zwar das Schlimmste befürchten (was denn auch eintritt), doch erschöpft sich mit diesem Bezug das (Karten-) Spiel nicht. Franzl spielt mit den Stäbchen weiter.
Rollen spielen vor allem die Frauen in Schroeters Filmen. »Die Frau hat etwas Bühnenhaftes« (Rosa von Praunheim). In EIKA KATAPPA ist Magdalena die verstorbene Therese von Konnersreuth, eine Tangotänzerin, die Callas, Elvira, Kriemhild, Rigoletto, eine Liebesmörderin, Tosca sowie eine Schaupielerin, die von Werner Schroeter Regieanweisungen erhält. Selbst in einer so übersichtlichen Handlung wie in WILLOW SPRINGS spielt sie übergangslos die Rollen einer Landkommunardin, eines Kraftweibes, einer Lesbierin, einer Mutter, einer Sektenführerin und einer Heiligen. Spielt Magdalena hier alle Rollen, so scheinen im TOD DER MARIA MALIBRAN alle die Rolle

Eika Katappa

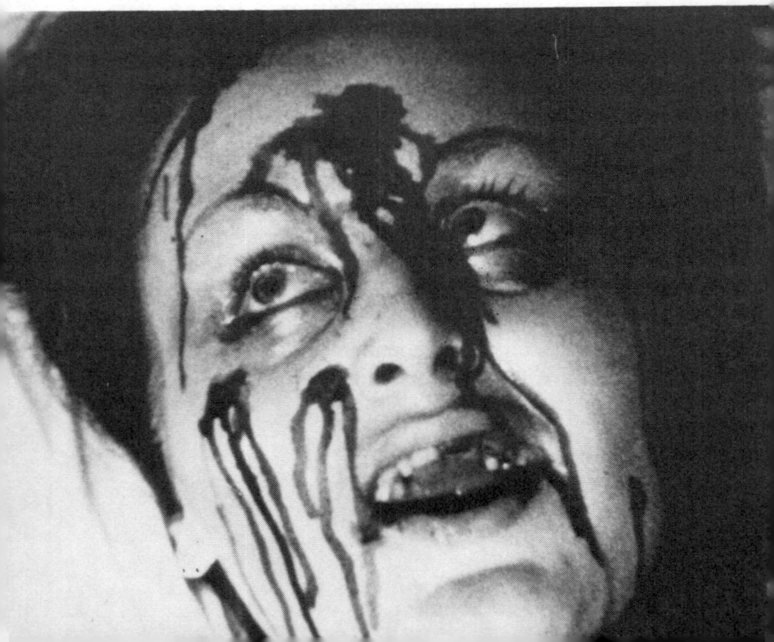

der Maria Malibran zu spielen. Das *Sterben* der großen Sängerin wird *nachgelebt.*
Die Spaltung von Produzent und Konsument hebt sich auf. Magdalena ist Callas ist Violetta ist Magdalena. Der Konsument kommt zur Darstellung und braucht nicht den kleinen, aber präzisen Freiraum im Musiksaal zu benutzen, wo er während der Darbietung stumm zu sein hat, danach aber, für wenige Minuten, ekstatische Schreie an die Decke schicken darf. Schon in den ersten 8 mm-Filmen läßt Schroeter Carla, die Callas konsumierend, selbst Produzentin werden: CARLA TANZT CALLAS. Der Freiraum des Konsumenten vergrößert sich dadurch ins Totale. Ins Ursprüngliche. In die heile Welt dessen, der grad auf die Welt kam. – In dem Maße, in dem sich dieser ursprüngliche Freiraum reduziert, nämlich um die zu Ausdruckskonventionen verunstalteten Gefühle, entstehen die psychischen Krankheiten von Kind, Jugendlichem, Erwachsenem und Greis – wenn man dem Nationalkomitee für seelische Gesundheit glauben will.[9]
Es muß daher an dieser Stelle ausgesprochen werden, daß NEURASIA nicht neurotisch ist. Schroeters Heldinnen und Helden sind ebenso zuversichtlich auf ihrem Weg zur Identität wie der fun man auf dem Weg zum Auftritt.

Der Tod der Maria Malibran

Der Freiraum wird gefüllt mit hochgestimmten Erwartungen. Da weit und breit am Horizont sich nichts der Sehnsucht bot, ging die Reise in die Tiefe oder ans Firmament des Gemüts. Im statischen Tableau kostet extreme Verlangsamung den Augenblick der Wonne aus. 1968, in den 8 mm-Filmen, drückt sich der Wunsch zum Verweilen in der Wiederholung aus. In MONA LISA wiederholen sich zur Hälfte des Films die Valente-Wünsche »Die Liebe, die Hoffnung, das Glück«. In ARGILA werden uns die Sätze eingeprägt: »Wie blaß du bist! Bevor dieser Abend zuende geht, wird ein Unglück uns alle drei in den See der Verzweiflung stürzen.« Und im TOD DER MARIA MALIBRAN wird jeweils fünfmal hintereinander der Satz gesprochen: »Ich sehne mich so nach dir« und: »Das ist für mich der Tod.«
1978/79 in der Inszenierung des *Käthchens von Heilbronn* in Bochum sagt in der langsamsten Szene Freiburg zu Strahl: »Du Rasender.« Die Szene ging übers Wort hinweg, straft es Lügen. Die Verlangsamung beschwört das, was ist: verweile doch, du bist so schön. »Die Filme von Werner Schroeter sind so, wie man sich Filme mit Marilyn Monroe wünscht, so wie man sich eigentlich alles wünscht, vor allem im Kino«, schrieb Wim Wenders im Mai 1969 in der »Filmkritik«, und er notierte dazu die Wiederholung und das Unendlichkeitsverlangen in dessen Filmen.
Keiner Überwindung von Zeit und Raum bedarf es, Tagträume wahrzumachen. In EIKA KATAPPA folgen Carlas Visionen und Visionen-in-der-Vision aufeinander, um *ein* großes Gefühl an die Grenzen zu treiben. Carla, a young musical star, singt auf dem Barhocker: »Ich werd dich nie, nie, nie vergessen. Du gehst mir nie, nie, nie aus dem Sinn.« Der Großaufnahme ihrer Augen folgt die Erinnerung und Vision, da sie auf der Freilichtbühne vom Liebhaber mit einem Strauß beglückt wird, akustisch von dem Straußschen »An der schönen blauen Donau« untermalt. In einer anderen Vision betet die Diva vor einer Madonna, bekreuzigt sich, zurrt das Kopftuch zusammen. Vergeblich. Taumelnd sucht sie auf der leeren Straße Hilfe im nirgendwo. Tangotöne erschallen. Da sieht sich die Sterbende in einer Vision in der Vision als Spanierin mit schwarzem Spitzenschleier tanzen. Sie stirbt mit dem zum Abermalen wiederholten Satz: »Life ist very precious – even right now.« Und aus dem Tode noch führt die Vision der

Macbeth

dritten Art sie wieder die Treppe hinunter in die Arme des jungen Freundes, und Conchita Supervia hört man singen »de España vengo«.[10]

Selbst in einem Drama wie im MACBETH reiht Schroeter Höhepunkte so massiv aneinander, daß nur *ein* großes maßloses

Gefühl sich beschreibt: die Leidenschaft der Lady Macbeth. – Die Leidenschaft der SALOME überspielt das Wort. Der Text des Oscar Wilde verliert an Bedeutung. Tonfarbe, Sprechart machen ihn zur persönlichen Sache der Darsteller. Die Entwicklung reduziert sich auch hier zur ekstatischen Empfindung des Augenblicks, da der leidenschaftliche Impuls der Königstochter sich des Täufers bemächtigt.

Daß Schroeters Heldinnen und Helden scheitern, steht nicht dawider. Tosca, Violetta, Isolde, Käthchen, Carla, Magdalena, Franzl, Michael ... ihre ungezählten Tode sind vordergründig. Sie genügen dem äußersten Gefühl, das an seine Grenzen stößt. Nicht ihr Scheitern berührt uns. Wir wissen, daß sie wiederauferstehen, wie Carla, die ihre ungezählten Tode auf dem Betonweg stirbt (EIKA KATAPPA). Wir wissen, daß Magdalena auch im nächsten Film wieder da ist. (Wir wußten aber auch, wie leer der Platz war, als Carla nicht mehr dabei war.) Was uns angeht, ist die Erfahrung, die sie mitteilen. Es sind die Gefühle, die überspringen. Die Würde, die die schroeterschen Gestalten noch in den unerhörtesten Leiden bewahren. Die

Der Bomberpilot

Identifizierung mit der Stärke, die sie noch im Dahinscheiden bekunden, setzt Energisches frei: eine Kraft, die nicht herbeizuargumentieren war. MACBETH ist die Erfahrung von »Gebärden eines Ausdrucks, die nicht mehr *für* einen Ausdruck stehen. Sondern selbst eine namenlose Kraft sind.«[11] Mario, der geliebte Freund (EIKA KATAPPA), einer argen Randschicht der Gesellschaft zugehörig, schlimm angezogen und verdächtig aussehend – er trägt mit Selbstverständlichkeit die Würde des Entrechteten.

Der Glamour der Diva (CARLA TANZT CALLAS), der Fabrikherrin (IL REGNO DI NAPOLI), der Reichsvolkshochschullehrerin und der Sturmbannführerin (DER BOMBERPILOT), des schwulen Sohnes trostlosen Vaters (IL REGNO DI NAPOLI), – Karikatur mag sich einmischen, aber Würde wahrt noch das Zerrbild. Wir erfahren, was das ist: Schönheit noch in der Entstellung suchen. Schroeter macht vor, wie das geht: in der falschen Gesellschaft richtig leben. Mit Adorno gehts nicht, denn der findet bekanntlich kein wahres Bewußtsein im falschen. Schroeter findet sich dagegen nicht nur aufs Eleganteste in der jüngsten Vergangenheit zurecht. Er ist ebenso zu Haus in der Welt der Mythen, der trivialsten und der feierlichsten. – Wir sind zwanglos bei der Gretchenfrage: Werner, wie hältst Dus mit der Politik?

Kaum ist der Vater aus dem Haus

Kommt *der Arbeiter* in Schroeters Filmen vor? Jawohl, er kommt. Im REGNO DI NAPOLI wird er erschossen, und zwar von der Fabrikherrin, und das im Moment, da er seinen Lohn fordert. Ein Arbeiterfilm? Das kam noch keinem über die Lippen. Mochte die Herrin auch mitten in der Fabrikhalle stehen, mochten noch so heftig die Ofenflammen ins Bild züngeln: nicht die Welt der Arbeit, sondern die Welt der Oper stellte sich ein. Erschossen wird noch jemand im REGNO DI NAPOLI: der Funktionär der PCI. Aber auch hier fehlt es an politischer Implikation. Wir fühlen mit der Mörderin; denn allzu offensichtlich gebrach es dem kommunistischen Funktionär an elementarem menschlichen Mitgefühl. Da es aber an jedwedem übers Emotionale hinausgehenden Argument fehlt, läßt sich auch nicht behaupten, Schroeter habe eine antikommunistische Aussage machen wollen. Andererseits läßt Schroeter im BOMBERPILOTEN seine drei Frauen unbekümmert durch Nazizeit und Besatzungszeit tingeln. Magdalena, Carla und Mascha tragen ihren Enthusiasmus unbeschädigt vom einen ins andere System, und eigentlich hätte es sich doch gehört, daß gegens Hakenkreuztuch etwas Explizites angemerkt worden wäre, so ein verbissenes Kraft-durch-Freude-Weiber, wie Ernst Busch es im Anachronistischen Zug durch die Zähne gebracht hatte. Wenn Schroeter kein linker Filmer ist, ist er dann ein rechter? Hat er nicht die Frauenemanzipation, die im REGNO DI NAPOLI der Heldin einen Ausweg weist, im BOMBERPILOTEN gröblich verunglimpft? Oder macht er gar, wie Rosa von Praunheim perfiderweise von sich sagt[12], »rechtsradikales Theater für Linke«?

Grade die Filme, die sich auf die Realität beziehen, sagen deutlicher als diejenigen, in denen es ausschließlich um die Verehrung *des* Idols geht (OHNE TITEL 2, ARGILA), daß Schroeter *die* Wirklichkeit ausspart. Die Realität ist ihm grad gut genug, Nischen (Freiräume) darin auszumachen (oder sich zu schaffen) und sich dann darin behaglich einzurichten. Über die Gestalten seiner Filme teilt sich intensiv mit, wie vom archaischen Kult bis zum REGNO DI NAPOLI Leben, Sinnen & Trachten identisch bleibt, unbeschadet äußerer Umstände.

Politisch indifferent mag ihn der schelten, der politisches Bewußtsein mit dem Rundumblick der politischen Organisation gleichsetzt. Schroeter, in der Vertikale zugange, setzt Antriebskräfte frei, aktiviert Impulse, befreit Trieb und Bedürfnis aus langer Knechtschaft der Kultur und integriert auf angenehm repressionsfreie Weise die Natur des Menschen in eine Gesellschaft, wie sie nun einmal organisiert ist. Einleuchtend müßte sein, daß Schroeters Integrationskraft versagen müßte, wenn er, wie ein Linker von altem Schrot & Korn, seine Gestalten politisch eingebunden und das heißt doch wieder zu Funktionsträgern degradiert hätte. Ist dies also eine politische Tat, sich zu behaupten im Hier & Jetzt; die »deformierenden Zwänge« zu unterlaufen; die Utopie im Grund des Selbst zu finden?

Meine These ist, daß die Filme Schroeters von eminenter aktueller politischer Bedeutung sind. Die Aktivierung der animalischen und mimetischen Kräfte führt grade in einer Gesellschaft wie der unseren, die diesen Bereich repressiv behandelt, zu einer beträchtlichen Erweiterung der Existenz, – zu einem freien Platz, auf dem sich leben läßt. Vorerst. In Schroeters Filmen passiert grad das Gegenteil von dem, was die Haupt- & Erst-Kultur mit dem Wort »Sublimierung« abtut. Die zweite Kultur hat es längst ausgemacht, wie es sich »in den Nischen des Verwertungsapparates« lebt. Hoffmann-Axthelm, von dem diese Formulierung stammt, hat seinen Leit-Artikel über Tunix, Mescalero und die Folgen »Die Wiedervereinigung der Erfahrung« genannt.[13]

Autonomie müßten Schroeters Filme auch den Tunix-Leuten vermitteln. Vermutlich aber führen die Filme lediglich (aber immerhin) die Alt-Spontis ins neue Autonomie-Lager – die Gesetzteren, die ihre ersten Erfahrungen mit der Callas, der Valente und mit Lautréamont gemacht haben. Schroeter hat vorgelebt, daß seine Aktivierungsfilme Realität schaffen. Er hat seine Filme zwar mit dem Verwertungsapparat gemacht, aber gegen dessen Intentionen.

Mit der väterlichen Wohnung fing es an. Kaum war der Vater aus dem Haus, funktionierte Werner die Wohnung zum Drehort um. In einem seiner ersten Filme, HIMMELHOCH (1968), notieren wir, wie Werner und seine Parasiten sich einnisten und mit ihren verrückten Aktionen dem stinkbürgerlichen Mobiliar, das gänzlich unverrückt geblieben ist, einen neuen Sinn aufzwingen. Sitzgarnitur, Blumenarrangements und Fensterdekoration – jedes Ding an seinem Platz, eine tadellos aufgeräumte Wohnkultur der sechziger Jahre: was Gegenstand unserer Aufmerksamkeit werden könnte, ist jedoch nur Mittel für Werners Selbstdarstellung (mithilfe seiner Gestalten natürlich). Steven Adamczewski, bloß/bekleidet, verunsichert die Geschwister Bauer, während fromme Weihnachtslieder ertönen, dargeboten von Leontyne Price. – Werner läßt die Dinge intakt, er ist ihnen gegenüber nicht die Spur aggressiv, sie verhelfen ihm ja schließlich auch zum Drehort und zur Selbstverwirklichung. Warum sollte er ihnen etwas antun? Die sehr realistische Wohnung ist daher als Einstieg gerade recht. Sie ist Mittel für etwas anderes. Werner beutet sie aus.

Jahre später funktioniert das System immer noch. Und zwar in größerem Maßstab. Jetzt geht es nicht mehr um eine private Wohnungseinrichtung, sondern um die öffentliche Einrichtung Fernsehen. 1972 bekommt Werner Geld, um in Kalifornien einen Film über Marylin Monroe zu drehen. Aber »an sich

Willow Springs

hatte ich überhaupt keine Lust, einen Film zu machen zu dem Zeitpunkt, sondern mußte nur einen machen, um das abzubezahlen, was von der MALIBRAN noch übriggeblieben war an Schulden. Und da hatte ich dem ZDF eben diesen Monroe-Film vorgeschlagen, so eine strukturalistische Arbeit über die Bilder von Warhol, über die Monroe und mit Presley-Musik und allem möglichen, aber die Idee hat mir überhaupt nicht mehr gefallen nach einiger Zeit, und da hab ich gedacht, fahr ich doch mal mit der Ila, die mir assistiert hat meistens, der Magdalena und der Christine einfach nach Los Angeles und guck mir das mal an, wies da ist; hatte aber immer noch den Plan, da eine Art dokumentarische Spielhandlung über das Leben der Monroe zu machen. Dann habe ich aber angefangen in Amerika, mich hauptsächlich um mich selber zu kümmern, Führerschein zu machen und hab auf diese Weise das ganz gut kennengelernt und hab dann überhaupt keine Lust mehr gehabt, die Monroe zu verfilmen. ... Und dann habe ich mir die billigste Geschichte, die ich mir zusammenbauen konnte an einem reduzierten Drehort, eben diesem kleinen Dörfchen da in der Wüste oder besser Steppe bei Los Angeles genommen, wir sind hingegangen und haben es so gemacht.« So Werner Schroeter 1973 in der Septembernummer der »Filmkritik«.

Die Aneignung von Realität

Drehort: Willow Springs in der Mojave Desert. Dort findet Schroeter eine leerstehende Baracke, einen Müllhaufen mit lesbaren Briefen, und er arrangiert daraus sein Seelendrama. Die (äußere) Realität ist einladender Ausgangspunkt (scheinbar) irrealer Reisen auf den Schroeterschen Emotionsvertikalen.

Im III. Teil des EIKA KATAPPA, um im Bild zu bleiben, steigen die Diva Carla und ihre Freundin Magdalena Montezuma in Heidelberg Hbf. in den D-Zug München-Münster ein, dem young lover (und das ist der Hl. Sebastian und Jung Siegfried selbdritt) aus dem Fenster winkend. Im VII. Teil des EIKA KATAPPA taumelt der strenge Vater, überholt von der Autoschlange der Küstenstraße, auf die Leiche des geliebten Sohnes zu, und wir sehen im Stau die Reaktionen der Autofahrer, da der Verbliebene unter den eindringlichsten Gesten des Schmerzes sich am Straßenrand über den jungen Körper wirft. – Im TOD DER MARIA MALIBRAN filmt die Kamera aus dem obersten Stockwerk eines Hauses die herzzerreißende Szene im Park am Bunker, da Maria Malibran in leidenschaftlicher Erregung dem jungen Mann im schwarzen Samtanzug nachwankt: »Wait Alfred, Alfred, wait for me. Don't leave me, please!« (Alfred, eilt er nicht herbei, um Violettas Verzeihung zu erflehen und sich für immer mit ihr zu versöhnen?: La Traviata), und zum Drama gehört, daß ein dreijähriges Kind stumm dem Treiben zuschaut, Halbwüchsige erfreut dem Auftritt folgen und Rentnerinnen scheu den Schritt zur Seite ma-

Der Tod der Maria Malibran

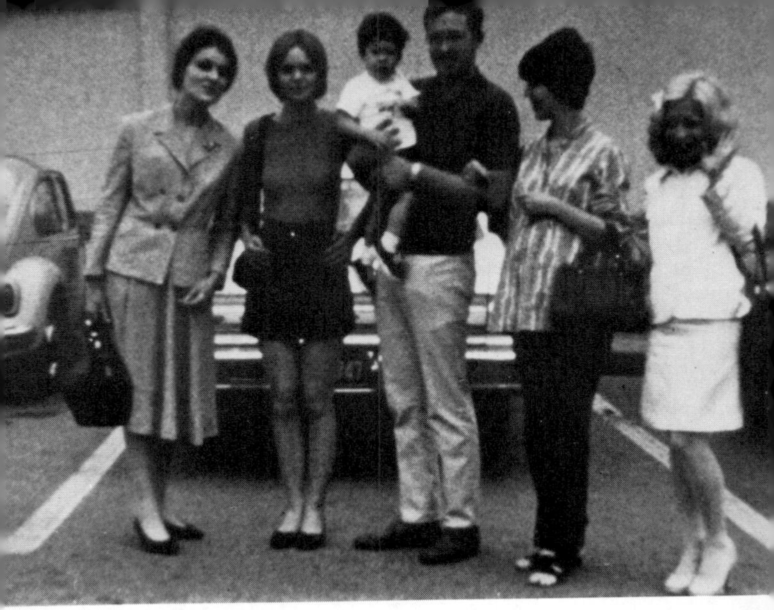

Der Bomberpilot

chen. Ähnlich angelegt sind die Straßenszenen der FLOCONS D'OR, da Mariettas reizende Unterwäsche den Passanten ins Auge sticht.

Systematisch hat Schroeter sich die Realität im zweiten Teil des BOMBERPILOTEN und im REGNO DI NAPOLI verfügbar gemacht. Im BOMBERPILOTEN hat er sich am frechsten fremde Wirklichkeit angeeignet. Das geht so: Schroeter fährt mit dem Aufnahmeteam aufs Gelände der US Army in Heidelberg oder Landshut; Magdalena, Carla und Mascha legen die Arme um mehr oder weniger widerstrebende G. I. s und posieren zu Gruppenfotos. Oder: man öffnet eine Tür, findet eine Schulklasse vor und läßt sich mit den Kindern samt Lehrerin filmen. – Daraus wird im Film der Kommentar: »In Texas besichtigten wir ein Airforce-Schulgebäude, wobei wir uns von Wochenschau und Presse aufnehmen ließen.« – Oder noch besser: Magdalena und Carla setzen sich einer bärbeißigen Sekretärin gegenüber, die nicht weiß, wie ihr geschieht, und später kommt dann das umwerfende Gespräch mit der Frau Obersturmbannführerin heraus.

Im SCHWARZEN ENGEL überschüttet ein Kommentar den verstörten Zuhörer unvermittelt mit statistischem Material über die soziale Lage Mexikos. Die Tatsache, daß das Rote Kreuz in Mexiko Stadt 15982 mal eingesetzt wurde, Magenkranke zu transportieren und 5738 mal Lungenkranke, dient offensichtlich lediglich als realistische Kulisse, vor der sich die Sehnsüchte des Paars Magdalena Montezuma / Ellen Umlauf entfalten, und als freches Alibi, eine Nische im Verwertungsapparat zu schaffen, das heißt den Film den Fernsehanstalten zu verkaufen.

Im REGNO DI NAPOLI bezieht Schroeter dann – mit Hilfe Wondratscheks – die Realität weniger dreist aber desto raffinierter ein. Wirklichkeitsteilchen legitimieren nachträglich eine Handlung, die Anspruch auf historische Wahrheit erheben will. Die Zwischentitel mit den Jahreszahlen, die den Fortgang belegen, sind mit dem Ausschnitt eines Drucks verbunden, den wir erst im Lauf der Episode als Ganzes sehen: etwa ein historisches Wahlplakat, an eine Straßenmauer geklebt. – Ähnlich funktioniert die Legitimation im Fall, da das Türschild mit dem Namen »Pagano« ins Bild kommt. Wir wissen *also*, wie wir die Familie zu benennen haben. Da wir jedoch belehrt worden sind, daß der Film Ereignisse aus dem Jahr 1947 wiedergibt, und da wir wissen, daß er 1977 gedreht worden ist, messen wir dem Namen »Pagano« eher die Bedeutung einer *Er*findung bei. Erst eine ganze Weile später, der Film schreibt das Jahr 1962, wird ersichtlich, daß Schroeter den Namen Pagano *gefunden* hat. Vittoria trauert vor einer Urnentafel: »Maria Pagano 4. 12. 1922-3. 4. 19..«, und grade weil

Regno di Napoli

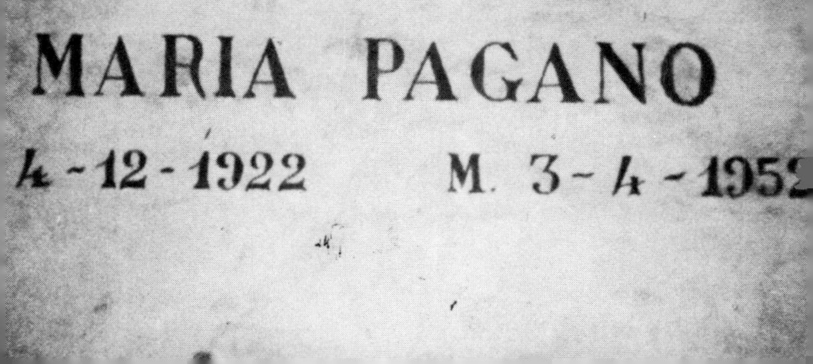

Willow Springs

das genaue Todesjahr von der Kamera sorgsam eliminiert ist, glauben wir, daß die Tafel an der Urnenwand Realität ist. Aber ist es nicht ganz gleichgültig, ob die Maria-Pagano-Inschrift echt oder nachgefertigt ist? – Etwas Merkwürdiges teilt sich da mit: die *Erfahrung*, daß jemand etwas gefunden und erlebt hat. Das ist ein Erlebnis, das nachhält, weil der Kontakt über eine Vielzahl von Kommunikationsebenen lief. Die Nähe des Autors ist zu spüren. Und wem es, wie mir, geschieht, daß ihm die kalten Gräsen den Rücken runterlaufen, der kann ohne Überschwang registrieren, daß die Filme einen körperlichen Kontakt herstellen. – Die Gegenproben machens deutlich: die Straßenszenen im Militärlager des BOMBERPILOTEN, in den Städten der FLOCONS D'OR, im Park der MARIA MALIBRAN – diese Straßen von Statisten bevölkert ... da würde kein Funke überspringen. Die Baracke in WILLOW SPRINGS, der Spiegel der verlassenen Bar – nachgebaut im Studio ..., die väterliche Wohnung in Dorsten (HIMMELHOCH), Exponat einer Nostalgieausstellung ... nicht wahr? Die Substanz wäre abhanden gekommen.

Ich möchte auf folgendes hinaus: Schroeter, der die Nischen des Verwertungsapparates aufspürt und sich in der Realität, wie sie sich nun einmal bietet, Freiräume schafft, füllt den Platz, den er mit Frechheit, List und Glück gewonnen hat, wieder mit Substanz, und zwar wieder mit Realität: mit *seiner* Realität. Meine zweite These also ist, daß Schroeters Filme, allem Anschein zuwider, zum Bersten vollgestopft sind mit dokumentarisch Belegbarem, existentiell Erfahrbarem, Identität, Lebensqualität und so weiter. Wenn man vom realistischen Einstieg (Straße, Wohnung, Baracke, Regierungsstatistik) ausgehen will, müßte man das, *wohin* man im Film gelangt, eine zweite Realität nennen, eine Gegen-Kultur, die schroetersche Alternative zur herrschenden Gesellschaft. Die Erfahrungen, die seine Filme erlauben, lassen sich auf der einen oder anderen Ebene vereinigen mit den Erfahrungen, die der einzelne macht, wenn er *neben* den realistischen Zwängen der ersten Kultur (und nicht unbedingt *gegen* sie) freien Platz für seine bislang terrorisierte Existenz findet (oder gar schafft). Hoffmann-Axthelm hat diese Erfahrungen aufgelistet und ihre Gemeinsamkeit generalisiert.[14] Die Liste weist ein Defizit an Kunst-Erfahrung auf. Schroeters Filme helfen dem ab.

In der SALOME taucht eine libanesische Musikantengruppe auf. Neben den theatralisch, dilettantisch, ekstatisch und überzogen agierenden Schroetergestalten bleiben die Musikanten seltsam beziehungslos. Zwei Kulturen stehen nebeneinander.

Salome

Aber: so realistisch die Musikanten sind, grade im Kontrast gewinnen sie an Qualität. Sie, sonst Paradefall des Plakativ-Touristischen, werden im Film existent. Und neben ihnen werden Theatralik und Ekstase als *Mittel* deutlich, – Mittel, die Existenz der »Darsteller« zu verwirklichen.

Das also ist die Realität: Schroeters Filme vermitteln und belegen die Existenz von Carla, Magdalena, Mascha, Candy Darling, Franzl, Michael ... und Werner Schroeter. Feurich hat es als erster ausgesprochen (in der Märznummer 1970 der »Filmkritik«), »daß Bilder wie die schroeterschen keine Darsteller haben, die Rollen verkörpern, weil ablösbare, unabhängige Rollen nicht mehr existieren; ... den Darstellern fordern sie nicht den Wechsel der Identität ab, sondern bringen sie als Phänomene reinen visuellen Ausdrucks neu hervor«.

Man könnte es also den schroeterschen Realismus nennen, der die Sinne nervt und schärft und reizt. Oscar Wilde, dessem Text Schroeter in der SALOME folgt, sagte es so: »Die Kunst ist nicht wie das Leben. Sie ist das Leben.« Wenn Massimo im REGNO DI NAPOLI um Hilfe schreit, dann ist das *aiuto* nicht bloß Handlungssegment, sondern kreatürlicher Ausdruck und humane Gebärde zugleich. »Stil ist immer die Geste einer Person«, schrieb Pierre Bertaux über den, der die »Kunst der Gebärde« proklamierte: Nietzsche.[15] In Schroeters Filmen kommt zur mimischen Geste die Geste der Sprache, der Musik hinzu. Für sie gilt das gleiche. Der Text, der ersten Realität entnommen, sei es aus verstaubten Büchern, sei es vom Müllhaufen in Kalifornien – Schroeter verhilft ihm zur reinsten, auf Ausdruck und Gebärde zurückgeführten Form: zu einer zweiten Realität. Die Geste zählt, nicht mehr die eingeübte Behandlung des Textes, d. i. dessen Einordnung und Erledigung. Folglich kam es auch nicht darauf an, die Texte zu identifizieren. Auch für die Musik hoffe ich dargetan zu haben, daß erst ihr Gehalt an Ausdruck & Hingebung den Stil ermöglicht, Oper und Schlager zu verbinden. Die Callas, die Valente, Lautréamont und Reclams Opernführer – Realitätspartikel ohne Zweifel – erwachen in Schroeters Filmen zu einer zweiten Existenz, einer erweiterten. Callas, Valente, Lautréamont und der Opernführerverfasser *sind* Schroeter geworden. Wir haben es in seinen Filmen mit einem real existierenden Wesen zu tun. Seine Filme sind human. »Sich selbst produzieren, sich selbst reproduzieren, das ist es, die Wirklichkeit.«[16]

Demontage und emotionale Überblendung

Wir erfahren Schroeter, den humanen Realisten, über den Stil. Die Form seiner Filme ist es, die einen neuen Inhalt schafft (Seine Kunst ist nicht Selbstzweck, sondern Fernrohr ...). Man würde eine Dimension unterschlagen, wenn man jetzt das Wort »Montage« hinschreiben würde. Gewiß, Musik der verschiedensten Art, Text der verschiedensten Art, Geschichten der verschiedensten Art sind zusammenmontiert. Das Nebeneinander gibt jedoch noch nichts her, am wenigsten Sinn. Magdalena als Maria Malibran, deren Vater und Mutter? Magdalena als Therese von Konnersreuth, Aida, Tosca, Rigoletto in EIKA KATAPPA? Und wiederum Hölderlin und Nietzsche neben Texten aus dem Müll? – Sinn gibt allenfalls das System der *De*montage. Die Rückführung aller Realitätspartikel auf ihren mimetisch-gestischen Wert. Das Arrangement eines neuen – emotionalen – Zusammenhangs. »All stories have to end in the melting pot. A lot of music helps to mix them up.«[17]
Schroeter demontiert die vorgegebene Wirklichkeit, löst die Kategorien des Kulturkonsums auf, sprengt die verfügten Rollen und nimmt dem, was so unabänderlich erschien, die Qualität des Bestimmten. Der Angriff geht gegen die Verwalter der Kultur – ein Angriff auf die sanfte, aber nachhaltige Art.

Eika Katappa

Schroeter ist überführt, kaputt zu machen, was ihn kaputtmacht. Um den Anarchismus genauer zu beschreiben: Schroeter macht die Organisation hinfällig, die sich des sogenannten Kulturguts bemächtigt hat – die bürgerliche Organisation, die das Monopol der Kunst-Interpretation und der Rezeptionsauthentizität sichern soll. – Indem er Musik, Wort, Geschichte und Bild im Schmelztiegel seiner Filme aus ihrer Organisation und der oktroyierten Bestimmung herauslöst, sie als Gebärde vorzeigt und lustvoll erfahrbar macht, wird zugleich offenbar, was die Organisatoren der Kultur bislang angetan haben und wie sie das, was sie zu pflegen vorgaben, bis zur Unkenntlichkeit deformiert haben.

Schroeters Demontage-Arbeit setzt schon seit mehr als 10 Jahren Impulse Energie Lust frei und schafft Platz, sich an (Kunst-)Erfahrung wieder anzueignen, was längst entfremdet schien. Würden Soziologen nicht dazu neigen, der Entwicklung hoffnungslos nachzuhinken, dann hätte man schon längst Schroeters Filme besichtigen und empirisch das Aufmucken eines Betroffenen / einen Wertwandel feststellen können. Schroeter macht manifest, daß er sich von den (kulturellen) Machthabern nicht regieren und manipulieren läßt und daß er selbst die Kontrolle über das übernimmt, was ihm einmal Spaß gemacht und was ihm die Herrschenden weggenommen haben. Er hat es ohne theoretischen Anspruch gemacht (und vielleicht nur machen können). – Die Soziologen waren erst 1979 so weit, allgemein den »empirisch feststellbaren Wertwandel, die Eigeninitiative von Betroffenen, die Auffassung von Basisdemokratie, sich nicht regieren und manipulieren zu lassen und selbst die Kontrolle zu übernehmen« zu notieren.[18]

Dem Ungenügen, sich Schroeters Filmen mit dem Begriff »Montage« zu nähern, und der doch wohl plausiblen Beobachtung, daß *innerhalb* der einzelnen Szene eine *Demontage* stattfindet, entspricht auf der anderen Seite, daß Schroeter, den emotionalen Gehalt der Szenen aufeinanderschichtend, den Moment des Gleichzeitigen festhält. Treffender ist, von der Technik (nicht der formalen, sondern) der *emotionalen Überblendung* zu sprechen. Statt diskursiver Montage also die Variation entstehender und vergehender Bilder. Nicht die Szene, sondern der Ausdruck der Szene findet sich in der nachfolgenden Gebärde wieder. Die Gebärden intensivieren

sich in der Wiederholung. Was aufeinander zu folgen scheint, verlangsamt sich, wird gleichzeitig, Zustand, Tableau. Aus den Geschichten wird schließlich ein Zustand, ein sinnlicher Kontakt mit dem Anspruch lustvoller Dauer. Prototyp: MONA LISA, eine einzige emotionale (und hier auch formale) Überblendung vom Abbild der Callas in das der Mona Lisa.
In der optischen akustischen Verlangsamung gewinnt die emotionale Erfahrung jedoch an Fahrt. Von den stets sonst verdächtigten Gefühlen teilt sich etwas mit – wie vor Jahren, als Schroeters Filme entstanden, die Zuversicht und Kraft und Stärke im *Moment* des Einhakens in der Demo auf der Straße. Hier hatte einer die Stirn, sich *wiederzuholen,* was uns wegorganisiert worden war: Opernfan? Dann ab ins Opernhaus! Pop? Hitlisten hören! Die Leiden des Hl. Sebastian? In die Kirche! Büchernarr? Germanisten fragen! Schwul? In die gay bar! Ausbruchssituation? Nach Nepal fahren, oder nach Mexiko!
In Schroeters Filmen passiert dies alles gleichzeitig und am gleichen Ort. In einer Person. Magdalena verläßt Göttingen, die Stimme der Wahrheit in Mexiko suchend (DER SCHWARZE ENGEL), sie tritt als kesser Vater in der Kneipe auf (EIKA KATAPPA), die Zöpfe Kriemhilds baumeln ihr herab (EIKA

Eika Katappa

KATAPPA), erhabene Sprüche Nietzsches kommen über ihre Lippen (»Oh Mensch«: DER SCHWARZE ENGEL) und das Pathos des Opernführers. Und sie umklammert das Hl. Kreuz ebenso wie das blitzende Messer, mit dem sie Christine Kaufmann das Auge aussticht (DER TOD DER MARIA MALIBRAN).
In der Gestalt Magdalena Montezumas vereinigen sich die diversen Erfahrungen. Sie ist ganz Identität. Die säuberliche Trennung zwischen Dschungel-Kneipe und Opernhaus ist dahin. Schroeter hat die Organisation gesprengt. Das ist als *Tat* nachzuempfinden. Eine destruktive Tat, gewiß. Eine revolutionäre Handlung? Das wäre verspekuliert. Schroeter sprengt gewiß nicht das System. Aber er holt sich aus ihm das, was *er* braucht. Er entflicht die Kulturrealitäten so weit aus ihren (organisatorischen) Zwängen, wie *er* sie für seine Identität braucht. Er verwirklicht den Anspruch, selbst zu bestimmen, was er an Kultur und Lebensraum braucht.

Aktion statt Utopie

Schroeter reagiert als Betroffener. Seine Filme sind Instrument der Basis. Er schafft *Basiskultur.*
Der Unterschied zu den sogenannten politischen Filmen, gleichfalls demokratisches Instrument der Basis, ist, daß die Botschaft nicht verbal / mit dem Kopf übernommen werden kann. Seine Filme sind einen Schritt weiter: sie konstatieren nicht nur ein Defizit und leiten daraus Postulate ab, sondern sie füllen das Defizit aus und verwirklichen damit *zugleich* das, was Worte allein nicht erreichen können.
Indem Schroeter übers Verbalisieren hinaus ist – und das Verbalisieren ist ja grade das allgemein beklagte Manko derjenigen Freunde der linken Szene, denen Gefühle, Emotionen, Erfahrung und Gebärde abhandengekommen sind –, indem also Schroeter *tut,* wovon die anderen nur *reden* (können), wendet er sich mit den Filmen an all die, denen noch ein Gespür geblieben ist, daß ihnen in der Gesellschaft, in der sie leben, ein Teil des Ichs abgespalten worden ist. Anders ausgedrückt: Betroffen sind von Schroeters Filmen jene, die eine Sensibilität für die emotionale Austrocknung unserer (herrschenden) Kultur und die eklatante Unterentwicklung an gestisch-mimetischem Ausdruck bewahrt haben. Statt hinein ins sublim Neurotische oder Schizophrene gehts in Schroeters Fil-

men hinaus auf die offensichtliche Plattform der Betroffenen, die lustvoll ihre Identität konstituieren. Absatz.

Ich versuche hier, in Worte zu fassen, was in und mit Schroeters Filmen passiert. Das ist kein besonders guter Ausgangspunkt, wenn man es mit Worten eben nicht zu tun hat und wenn die Rezeption eben nicht über den schlauen Text (und den entsprechenden Kopf) läuft. Das mindeste, was ich tun kann, ist, das, was ich angesichts der schroeterschen Filme erfahre, zu umschreiben und die Beschreibungen übereinanderzublenden, in der Variation zu komplementieren.
Die Beschreibung eines Kraft-Stromes: in Kubricks *2001-A Space Odyssee* zieht es die Abenteurer durch einen galaktischen Strom, der durchaus die Frage offenläßt, ob er an die äußersten Grenzen des Makrokosmos oder ins Innerste der organischen Zelle stößt. Vergangenheit und Zukunft werden eins. Die Perspektive ist Geburt & Tod.
Schroeter hat alles präsent: Vergangenheit und Zukunft, Heimisches und Fernes, Traum und Wirklichkeit. Kriemhild ist Tosca ist Wallfahrerin ist Sektenführerin einer Landkommune in Kalifornien (EIKA KATAPPA, WILLOW SPRINGS, DER SCHWARZE ENGEL). Visionen folgen in der Vision. In FLOCONS D'OR ist auf einem Zwischentitel markiert: »Réalité – vérité?« und in einem anderen: »La réalité est rêve.« Inzwischen wird populär, was das Fragezeichen hinter den Begriffen »Wirklichkeit – Wahrheit« an Energie freisetzt und was man mit der Behauptung »Die Wirklichkeit ist Traum« anfangen kann. »Wer keinen mut zu träumen hat / hat keine kraft zu kämpfen«: das ist 1979 der Wahrspruch des Films über das alternative Umweltfestival.[19]
Auf dem Holzweg wäre man, in Schroeters Filmen nach Abbildern schöner Zukunft zu fahnden, nach Handlungsmodellen oder gar Aufforderungen zum nächsten Schritt. Utopisches braucht Schroeter nicht zu liefern, weil er seine Hoffnung selbst einlöst. Er will es hier, und er will es jetzt. Er spannt nicht andere ein, er organisiert nicht: all das, was für eine Utopie, ein Ziel mindestens, nötig wäre, entfällt mit Schroeters *Tat.* Die Basis der Betroffenen zu organisieren – damit wäre der Kraft-Strom ans Firmament des Gemüts zum Versiegen gebracht. Eine Katastrophe galaktischen Ausmaßes. – Wollte man seinen Filmen Entwürfe besserer Gesellschaften

Der Schwarze Engel

abfragen, wäre dies die frustierende Suche nach Zusammenhängen, die Schroeter gerade desorganisiert.
Im Desaster, Tod & Verderben enden nicht nur die Gestalten frommer Sagen, großer Opern, kühner Träume. Die Landkommune der Willow Springs in Kalifornien, ein Schreckbild von Repression, löst sich auf in Mord und Totschlag, und Magdalena, Sektenführerin, findet Worte, die die Landkommunarden der zweiten Kultur keinesfalls billigen werden: »Ich grüße dich, Nordstern! ... Wir führen unser eigenes autonomes Leben. ... Ich bin die Kraft, durch die wir leben. Ich nehme euch die Angst und die Hoffnung ... Und wenn ihr tot seid, bin ich es, der für eure Leichen sorgt.« – Mißverständnisse sind ausgeschlossen; die Musik zum Satz vom »autonomen Leben« tut ein übriges: Gounods Faust-Walzer.
Auch dem Modell, im fernen Osten oder Westen einen Platz für sich zu finden, versagt sich Schroeter. DER SCHWARZE

ENGEL, der im unterentwickelten Land eine private Utopie verwirklichen möchte, endet desaströs. Magdalena bleibt, wiewohl in Mexiko, doch daheim. Ihre Beziehung zum taubstummen (!) Mexikaner-Knaben ist von der allerabstraktesten Art. Abwechselnd schreckt sie ihn mit dem Kreuz aus Göttingen und weiht ihn mit der Krone. Die Groß-Struktur des Films illustriert die Ohnmacht, zwischen Göttingen und Yucatan Beziehungen herzustellen. Wenn zu Beginn und am Ende des Films ein Sprecher im off die Zuhörer mit Statistiken der allergenauesten Art überschüttet, wird deutlich, daß dem Film dieses Material nur Kulisse subjektiver Entfaltung ist. Schroeter hat auch hier die Wirklichkeit geplündert, um für sich Platz zu schaffen.

Diesen Platz hält Schroeter von jeglicher Organisation frei, auch von solcher, die lieben Freunden der linken Szene teuer ist. Im BOMBERPILOTEN endet der Auftritt der emanzipierten Frauen in Lächerlichkeit und Ungenügen. In den FLOCONS D'OR verstirbt Franzl, der Kinderschänder; »ein Saumensch, ein Perverser«, wird ihm nachgerufen und nichts von Sexualität und Gesellschaft. Im REGNO DI NAPOLI wird der Funktionär des PCI auf das Niveau der mörderischen Fabrikherrin gedrückt. In EIKA KATAPPA scheitert eine schwule Liebe an der väterlichen Autorität. – Rosa von Praunheim hätte dagegen nicht den aufheulenden Schmerz des Vaters, der sich auf die Leiche wirft, gefilmt, sondern zur Organisation der Schwulen aufgerufen (*Nicht der Homosexuelle ist pervers, sondern die Situation, in der er lebt*).

Modelle sind von Schroeters Filmen nicht zu erwarten. Die Filme *sind* Modell. Allenfalls ließe sich sagen, daß von ihnen der »einladende und wissende Blick« des weißgekleideten Matrosen ausgeht, der »soviel jünger war, als ich es je gewesen war« (DER TOD DER MARIA MALIBRAN).

Schroeter lädt wissentlich ein, die Identität wiederherzustellen und sich aus dem Geflecht des Organisatorischen zu lösen, das unser Selbst austrocknet und auseinanderzerrt. Seiner Absage, zukünftige Modelle zu entwerfen, entspricht seine Funktion, den Zuschauer lebensgeschichtlich – und das heißt hier & jetzt – wieder zu komplementieren.

Ich glaube, daß er mit dieser Adresse ziemlich einzigartig ist.

Wenn ich versucht habe, die Rolle der Filme Schroeters für die

Flocons d'or

allergegenwärtigste Entwicklung einer Basiskultur deutlich zu machen, die man zweite, alternative oder qualifizieren mag, wie man will, so beharre ich andererseits darauf, daß sein Gestus, das aus der Kultur der letzten Jahrhunderte herausgedrängte Emotionale wieder mit unserer Identität zu vereinen – daß dieser Gestus eine Tradition hat.

»Ich bleibe bei dir: ... wir träumen wachend über unser Selbst, du lehrst mich deine alte Erfahrung, wir leben in uns, mit uns, und denken nicht Eine Minute daran, ob Kreaturen, die sich mit uns zu Einer Art rechnen, außer unsern Bergen einander zerfleischen, würgen, braten, rösten, essen«, sprach Belphegor. Wezel schriebs 1776.[20]

Mit einer Hommage an Lautréamont hat Schroeter angefangen zu filmen. Tieck ist ihm im Kampf, sich *im* System den lebensnotwendigen Freiraum zu erkämpfen, vor mehr als anderthalb Jahrhunderten vorangegangen (Wergin hat dies für

Tieck im Nachwort zur »Vogelscheuche«[21] einleuchtend herausgearbeitet). Nietzsche, der stets hinter der Gebärde seiner Sprache sichtbar wird – ihn hat Schroeter im SCHWARZEN ENGEL zitiert. Wahrlich, das sind Namen, die quer zur planen Argumentation stehen. Aber vielleicht auch Indizien dafür, daß hier etwas Neues passiert.

Um die Tradition abzugrenzen: vom »Demian« des Hermann Hesse geht kein Weg zur Magdalena Montezuma. Hesse postuliert zwar die Selbstverwirklichung aus dumpfem Grund, aber er verbalisiert und organisiert sie, und schon etabliert sich eine elitäre Schicht und findet ihre Erfüllung – im ersten Weltkrieg. – Genau das aber passiert in und mit den schroeterschen Filmen nicht, gleich ob der Krieg nun von der Roten Armee Fraktion geführt wird. Eher schon vereinigt sich die Erfahrung, die Schroeters Filme vermitteln, mit Bernwards Vespers revolutionären »Lehre 1«[22]: die Vermittlung von Erfahrung. Folgerichtig bleibt Schroeter erspart, was Vesper den studierten Genossen vorwirft; nämlich mit der Devise »erst organisieren, dann marschieren« in die Ideologie der Bourgeoisie zurückzufallen.

Wenn Schroeter die Erfahrungen dem Kulturgut abgewinnt, das die Bourgeoisie allein vertreten möchte, dann ist seine Tat, ihr den Alleinvertretungsanspruch streitig zu machen und sich zu nehmen, was auch ihm gehört, gerade nicht bourgeois. »Wichtig ist die eigene Person, die eigene Erfahrung, die persönliche Verarbeitung von Realität, die Kindheit.«[23]

Die Schlußspekulation: wie mag das Werk des Autors sich entwickeln? – Ich habe Schroeters Filme, mehr als zehn Jahre liegen die ersten zurück, hier als Einheit angesehen. Allenfalls sind im Lauf der Zeit die Bezüge zur (äußeren) Realität häufiger geworden, am Raffiniertesten im REGNO DI NAPOLI; desto auffälliger wird aber auch das Abdriften in die Weiten des Gemüts. Da Schroeter sich keine Themen vornimmt, sich vielmehr selbst darstellt, wird sich sein Werk erst ändern, wenn seine Identität sich ändern sollte. Dem seien Callas und Valente vor.

1 L. Tieck, Die Vogelscheuche/Das alte Buch, Zweitausendundeins 1979, S. 664
2 K. Gutzkow, Liberale Energie, Ullstein 1974, S. 9
3 Lautréamont, Die Gesänge des Maldoror, 1. Gesang, 8. Strophe

4 Adorno, Einleitung in die Musiksoziologie, Suhrkamp 1962, S. 87/88
5 Die Gesänge des Maldoror, 1. Gesang, 11. Strophe
6 Filmkritik 9/73-414
7 Reclams Opernführer, 15. Auflage 1951, S. 230
8 L. Tieck, Die Vogelscheuche / Das alte Buch, Zweitausendeins 1979, Nachwort S. 669
9 Meldung des NDR I – Hörfunk – am 2. April 1979 um 17.15 Uhr
10 nach den Filmprotokollen von Eva M. J. Schmid und Frank Scurla in der Dokumentation »Werner Schroeter, Filme von 1968-1970«, herausgegeben 1971 anläßlich einer Veranstaltung der Volkshochschule der Stadt Recklinghausen in Zusammenarbeit mit dem Studienkreis Film – Filmclub an der Ruhr-Universität Bochum – am 26./27. 3. 1971, S. 25 und 32
11 Feurich, »Filmkritik« 12/71-654
12 Rosa von Praunheim, Sex und Karriere, Rowohlt 1978, S. 243
13 akut 2, Ästhetik und Kommunikation, ohne Jahresangabe (1979)
14 Dieter Hoffmann-Axthelm (Herausgeber), Zwei Kulturen?/Tunix, Mescalero und die Folgen, akut 2, Ästhetik und Kommunikation, ohne Jahresangabe
15 Pierre Bertaux in Die Zeit, 27. April 1979, S. 34
16 Klaus Wyborny; Dr. Mabuse, der Spinner; in der Zeitschrift henry; henry 6, Hamburg 1978, S. 19
17 Werner Schroeter, Filme von 1968-1970 (siehe Note 10), S. 23
18 Bericht Rabehls über den 19. Soziologentag in Berlin, die Tageszeitung vom 24. 4. 1979
19 taz 24. 4. 1979
20 Wezel, Belphegor, Zweitausendeins 1978, S. 300
21 Zweitausendeins 1979
22 Bernward Vesper, Die Reise, März 1977, S. 420
23 Rosa von Praunheim, Sex und Karriere, Rowohlt 1978, S. 263

Lessing: *Miß Sarah Sampson*

Die Schönheit des Widerspruchs
Der Theaterregisseur Werner Schroeter

Von Hans Jansen

> *»Die Liebe – obschon hoffnungslos, so doch voller Zärtlichkeit – die Du Deinem Seil entgegenbringen mußt, wird ebensoviel Kraft haben wie das Eisenseil, das Dich trägt. Ich kenne die Dinge, ihre Tücke, ihre Grausamkeit und auch ihre Dankbarkeit. Das Seil war tot – oder wenn Du willst stumm, blind – Du erscheinst: es wird lebendig, es spricht. Du wirst es lieben, mit einer beinahe fleischlichen Liebe ... Du bist ein Artist – leider –; Du kannst Dich nicht mehr vor dem ungeheuren Abgrund Deiner Augen verschließen. Narziss tanzt? Aber es handelt sich um ganz andere Dinge als um Koketterie, Egoismus oder Eigenliebe. Wie, wenn es der Tod selbst wäre? Tanze also allein. Blaß, fahl, ängstlich bedacht, Deinem Bild zu gefallen: so wird es schließlich Dein Bild sein, das für Dich tanzt.«* (Jean Genet, »Der Seiltänzer«[1])

Anläßlich der Inszenierung von Lessings bürgerlichem Trauerspiel »Miss Sara Sampson« am Staatstheater Kassel im Spätherbst 1977 hat Werner Schroeter Jean Genets Brief-Essay »Der Seiltänzer« als sein künstlerisches Credo bezeichnet und dem Ensemble als eine Art assoziativen Leitfaden für die gemeinsame Arbeit empfohlen. In der Tat kann die bestechend formulierte Ästhetik Genets, der nichts von der starren Dogmatik eines theoretischen Manifestes anhaftet, die vielmehr verglüht in einer kalten Sinnlichkeit, auch für das Schaffen des Außenseiters Schroeter gelten. Wie der große Einzelgänger der französischen Literatur, wie dieser todesbesessene Ritual-Magier des zeitgenössischen Theaters, irritiert oder schockiert auch Schroeters Kunst all die, die es gewohnt sind, schlüssig interpretierbare Deutungen menschlicher Existenz in tradierten Formen zu konsumieren. Schroeter kultiviert eine Ästhetik des chaotischen Widerspruchs. Darin freilich ist er der Wirklichkeit oft härter auf den Fersen, als es den Anschein hat.

Kardinalthema von Schroeters Arbeiten – im Film wie auf der Bühne – ist, auf einen vereinfachenden Nenner gebracht, die emotionale Sehnsucht nach Selbstverwirklichung, sprich: Liebe, der die Kategorien einer rationalen Ordnung entgegenstehen. »Sehnsucht«, heißt es in DER SCHWARZE ENGEL, »das sagt sich so leicht und das lebt sich so schwer.« Und in dem Melodram über die spanische Sängerin Maria Malibran: »Deine Sehnsucht bedeutet mir nichts; die Erscheinung vergeht. Ich suche die Gesetze.« Aus dem Zusammenprall von Gefühl und Ordnung, Gesetz und Sehnsucht, entspringt, so der Filmjournalist Eckhart Schmidt[2], jenes individuelle Leiden, das sich bei Schroeter in großen pathetischen Gesten äußert und veräußerlicht. In den meisten seiner frühen Filme repräsentiert die Schauspielerin Magdalena Montezuma das Gesetz, so in SALOME nach Oscar Wilde, wo sie als lüsterner Despot (Herodes) mit kahlgeschorenem Schädel zugleich die moralische Perversion feudalen Machtanspruchs verkörpert; so in WILLOW SPRINGS, wo sie alles Leben auslöscht, als ein junger Mann die Sehnsucht ihrer Lebensgefährtinnen entfacht und damit die Übereinkunft (das Gesetz) ausschließlich weiblichen Zusammenlebens bedroht.

Diese – manieristisch übersteigerte – Polarität in seinen Filmen findet sich auch in seinen Schauspiel-Inszenierungen. Worin unterscheidet sich aber der Filmregisseur Werner Schroeter von dem Theaterregisseur? Es sind zunächst im wesentlichen weniger formale als – medienbedingt – technische Unterschiede. Die filmischen Möglichkeiten der Bildkomposition durch den Kontrast von Großaufnahme und Totale, ihr Distanzvermögen durch besondere Schnittverfahren lassen sich auf die »Realität« des Bühnenraums nicht übertragen. Und Schroeter versucht das auch gar nicht, wie man annehmen könnte. Der Kanon der großen Gebärde indes, der ausladenden Geste, ist auch auf dem Theater das Instrumentarium für die erstrebte Künstlichkeit als Spiegel emotionaler Wahrheit. Natürlich gibt es für seinen »Stil« als Erklärung ein Kindheitserlebnis, das Schroeter selbst gern erzählt und das seine Anhänger wie seine Gegner mit der gleichen Beflissenheit zitieren, um nicht zu sagen: kolportieren. In seiner Kindheit sah

Kleist: *Käthchen von Heilbronn*

er am Stadttheater Bielefeld einmal eine Klassiker-Aufführung mit einer gewissen Lenore Fein: »Die spielte so, wie man sich das heute gar nicht mehr vorstellen kann, mit rudernden Bewegungen und Schaum vor dem Mund. Das war sehr gut. Das ist vermutlich unbewußt in meine Arbeit eingeflossen. Das hat mir als Kind gut gefallen. Das gefällt mir immer noch ... weil es übertrieben und weit ist statt psychologisch und popelig.«[3]

Es mag dahingestellt bleiben, inwieweit diese frühe Begegnung mit dem Theater heute tatsächlich weiterwirkt in Schroeters Inszenierungen, entscheidend ist ihre programmatische Konsequenz: Nicht psychologische Analyse (gar nach Maßgabe der klassischen Freudschule oder ihrer Epigonen und Erben), nicht wissenschaftliche Anthropologie bestimmt das

Theater des Werner Schroeter, sondern die Magie der Bilder und Bewegungen. Die praktische Theaterarbeit Schroeters unterläuft freilich, bewußt oder unbewußt, solche theoretischen Thesen, was ja in der jüngeren Theatergeschichte von Artaud bis Brecht kein Einzelfall ist. Auch die Theaterfeste, die Genet von den Regisseuren seiner im Kultischen wurzelnden Text-Phantasmagorien fordert, gehen zwangsläufig von sozialpsychologischen Erfahrungen aus. So kommen auch Schroeters Inszenierungen nicht ohne das (ästhetisch geformte) Material sozialpsychologischer Erfahrungen und Einsichten der Texte wie der eigenen Biografie aus, das er dann nach Maßgabe seiner spezifischen Vorstellungen von Theater in Bilder und Bewegung, kurz: in Bühnen-Realität umsetzt. Und er sucht und findet dieses »Material« nicht bei zweitklassigen Autoren, sondern bei exponierten Dichtern ihrer Epoche: bei Victor Hugo und Oscar Wilde, bei August Strindberg und den deutschen Vor- und Nach-Klassikern, bei Lessing und Kleist.
Dabei fällt auf, daß es sich – wie meist bei seinen Filmen auch – ausschließlich um Sujets handelt, in denen es, schon im Titel kenntlich, um Schicksale von Frauen geht: Lucrezia Borgia, Salome, Fräulein Julie, Emilia Galotti, Miss Sara Sampson, das Käthchen von Heilbronn – um Frauen also, die ihrerseits eine Außenseiterposition einnehmen. Sieht man sich diese Frauengestalten in ihrem sozialen und poetischen Kontext genauer an, dann wird deutlich, daß sie alle auf besondere Weise dem Druck und den Zumutungen einer hierarchischen Männerwelt ausgesetzt sind, sich dagegen auflehnen und in ihrem Aufstand (mit Ausnahme von Kleists Käthchen) scheitern:

Lucrezia Borgia, die ebenso schöne wie verruchte Papsttochter, die mit ihrem Bruder einen Sohn zeugt und später von diesem erstochen wird, weil sie sich ihm im Inzest zu nähern sucht und seine Freunde vergiften ließ, ist in Victor Hugos romantischer Folie die Verkörperung jener überzüchteten Gesellschaft der Spätrenaissance, die sich durch hemmungslosen Genuß- und Schönheitskult selbst vernichtete. (Dabei spielt es eine untergeordnete Rolle, daß V. Hugo den Geschichtspessimismus seiner »Lucrezia« später revidierte, als er sich um die Mitte des 19. Jahrhunderts demokratischen Strömungen anschloß.)

Oscar Wilde: *Salome*

Salome, die Stieftochter des biblischen Tetrarchen Herodes, die auf Geheiß ihrer Mutter das Haupt Johannes des Täufers forderte, ist in Oscar Wildes dumpf-gleißender Tragödie das Geschöpf einer alle Werte pervertierenden Übergangsepoche, das die Neurosen zweier aufeinanderstoßender Kulturkreise (des antiken und des christlichen) unter der ästhetischen Klimaglocke des Fin de Siècle tödlich in sich vereint; ihr blutrünstiger Wunsch findet nur Erfüllung, weil sie sich als Lustobjekt einer manisch dekadenten Männerwelt anbietet.

Fräulein Julie, stolze Repräsentantin des absinkenden Adels, verletzt die Tabus einer verlogenen Bürgermoral, indem sie sich mit einem Domestiken einläßt; die dem Sexus verfallene Frau zerstört sich selbst. Für Strindberg verschwistern sich in Julie nicht nur symbolisch, sondern gleichsam fleischlich Eros und Todestrieb.

Miss Sara Sampson, die Titelfigur des ersten bürgerlichen Trauerspiels der deutschen Theatergeschichte, wird, in einer von Lessing dramaturgisch mustergültig gerasterten Dreiecks- und Intrigen-Kolportage, das Opfer einer grotesken aristokratisch-bürgerlichen Ständeordnung; sitzengelassen von ihrem Verführer, stirbt sie weniger am Gift ihrer Rivalin, als daß sie an dem von ihrer idealistischen Erziehung vorgeprägten Edelmut erstickt.

Emilia Galotti, der italienischen Militärstochter, widerfährt, vereinfachend gesagt, das nämliche Schicksal wie ihrer britischen Vorgängerin Sara Sampson – nur mit dem Unterschied, daß sie auf eigenen Wunsch von ihrem Vater erdolcht wird, um der »Verführung zur Schande« zu entgehen.

Das Käthchen von Heilbronn schließlich, Kleists schönste und rätselhafteste Frauengestalt, die ihrem Grafen Wetter vom Strahl in nachtwandlerischer Unbeirrbarkeit des Herzens folgt, ist gerade von diesem ihrem Traumprinzen der tiefsten Demütigung des Mißtrauens und höfischen Klassendünkels ausgesetzt. Kleists romantische Verklärung des Konflikts, seine Deus-ex-machina-Lösung bestätigt eher die soziale Polarität der Liebesbeziehung zwischen dem vermeintlichen Bürgermädchen und dem ritterlichen Grafen.

So wenig der Katalog dieser Stücke und seiner Titelgestalten thematisch und formal über einen Leisten zu schlagen ist, so eignet ihm doch als gemeinsames Motiv die Verletzung weiblicher Existenz durch den Zugriff der Männerwelt noch dort, wo das Element masochistischer Selbstzerstörung (Lucrezia, Salome, Julie) im Spiel ist. Anders ausgedrückt, alle diese Stücke decken Schroeters Kardinalthema vom Widerspruch zwischen Emotion und Ratio, zwischen Gefühlsanspruch und Gesetzesnormen – vom Menschen, der an diesem Widerspruch leidet und scheitert. Unter diesem Aspekt gewinnt Schroeters Theaterarbeit, allein schon durch ihre Stückwahl, eine eminent politische Perspektive, obwohl der Ästhet Schroeter sie niemals expressis verbis formuliert, ja, sich selbst vermutlich weigern würde, diese anzuerkennen.

Mit Ausnahme von Lessings »Emilia Galotti« (Hamburg) und »Miss Sara Sampson« (Kassel) hat Werner Schroeter diese Stücke seit 1973 am Bochumer Schauspielhaus erarbeitet, wo Peter Zadek, der unkonventionelle Entertainer unter Deutschlands Regisseuren, damals Prinzipal in Bochum, dem Außenseiter des jungen deutschen Kinos Gelegenheit gab,

seine Vorstellungen eines antiliterarischen, visionär bildhaften Theaters zu verwirklichen, das in krassem Gegensatz steht zur bildungsbürgerlichen Klassikerpflege, auch wenn es sich deren Texte bedient. Schroeter denunziert diese Texte nicht, wie ihm seine Kritiker vorwerfen. Er prüft sie vielmehr – durchaus ideologiekritisch – auf ihre sozialpsychologische Substanz, auf ihre Tauglichkeit für eine aktuell konkrete Umsetzung in szenische Wirklichkeit. Der Akt der Umsetzung ist für Schroeter ein autonomer Kunstakt; Regieführen auf dem Theater bedeutet ihm nicht Rekonstruktion von Texten, sondern ihre sinnliche Interpretation.
So inszenierte er Victor Hugos Drama »Lucrezia Borgia« (Premiere 4. November 1974) als esoterischen Alptraum einer zum Scheitern verurteilten Selbstverwirklichung, als Absage an eine Theaterlogik, die Kunst in unmittelbare Relation setzen möchte zur Realität. Schroeter fand dafür in traumentrückten Renaissance-Kulissen vom blau-grün getönten Venedig-Prospekt bis zur magisch erleuchteten Krypta Metaphern von erlesener Schönheit, wenn er etwa die Hofgesellschaft als nachtwandelnde Marionetten gruppierte oder seine Hauptdarstellerin Magdalena Montezuma die Obsessionen der Lucrezia in großen Gebärden und künstlichen Posen zelebrieren ließ. Aber der Psychologe Schroeter (der er im Grunde nicht sein will) unterlief sein Konzept der erklärten Antinomie von Kunst und Leben, indem er die verkappte Inzestbeziehung Lucrezias zu ihrem homophilen Sohn Genmaroa (Siemen Rühaak) buchstäblich nackt, das heißt: nicht in verschlüsselten Traumchiffren sondern realistisch, ausspielte. Wie schon in der voraufgegangenen Bochumer »Salome«-Adaption (1973) faszinierte auch in dieser Aufführung eine besonders raffinierte Musikdramaturgie, von der später noch die Rede sein wird. Denn Schroeters ausgeprägtes Verhältnis zur Musik, insbesondere zur italienischen Oper, schlägt sich, verwirrend für die einen, kongenial das szenische Geschehen erhellend für die andern, in seiner Theaterarbeit nieder.
Fraglos am weitesten vom »Original« entfernte sich der Regisseur in seiner bisher letzten Inszenierung, Heinrich von Kleists romantischem Ritterspektakel »Das Käthchen von Heilbronn oder Die Feuerprobe«, die am 7. Dezember 1978 am Bochumer Schauspielhaus herauskam. Die Aufführung darf zugleich als ein Höhe- und Wendepunkt in Schroeters Bühnenarbeit

gelten, weil sie alle Elemente seines manieristischen Stils in sich vereinigte und entscheidende (politisch begründbare) Korrekturen am Stück in einem Maße vornahm, das man bis dahin selbst bei diesem Regisseur nicht kannte. Schroeter schrieb dazu in den Informationsblättern des Bochumer Theaters:

»Heinrich von Kleists Traum von Liebe und Erlösung, von Pflichterfüllung und endlicher Rechtfertigung ... erscheint mir in meiner persönlichen Distanz zu seinem hinterlassenen schriftstellerischen Material, mehr als eine Realitätsverdrehung denn als eine hoffnungsvolle und damit kritische Denunzierung der unerträglichen Realität durch eben jene Hoffnungs- und Traumwelt ... Sein ›Käthchen von Heilbronn‹ habe ich versucht als Theateraufführung zu erarbeiten, weil ich die Grundhaltung dieses romantischen Mysterienspiels angreifen und damit etwas positiv sichtbar machen möchte, was ich im allgemeinen bei der ehrfurchtsvollen Arbeit am Werke dieses deutschen Dichters vermisse: Mehrere Stunden lang läßt sich das im Traum erwählte Käthchen von ihrem Ritter quälen. Kunigunde, Frau als Bestie und Monstrum: vom märchenhaften Fabelwesen einer Nixe oder Undine, als die sie noch in der historischen Vorlage zu finden ist, bleibt bei Kleist nur noch eine groteske Maschine übrig; seine Ritter hingegen stellt er als liebevolle, unbeholfene Jungs hin, auch wenn sie bei einiger Selbsterkenntnis zu traurigen Figuren werden müßten ... Ich behaupte, daß alles das, was Käthchen hat durchmachen müssen, um ihren traumatischen Ritter zu gewinnen, zuviel der Qual war, als daß sie sich des endlich errungenen ›Sieges‹, bei Kleist ein Happy End, noch erfreuen könnte. Was sie da schließlich bekommt, ist kein Ausgleich für ihre andauernden, peinlichen Erniedrigungen. Kunigunde hingegen will ich, nachdem ihre vornehme Pseudoexistenz, die sie als Anpassungsversuch in einer menschenfeindlichen Umwelt zweifellos entwickeln mußte, zerfiel, da sie körperlich ein Krüppel ist, einen Selbstfindungsprozeß durchmachen lassen, der es ihr ermöglicht, ein sinnvolleres Leben zu führen ... Für den Vater, um ihm seine Menschenwürde zu bewahren, verfüge ich anbetrachts seiner gescheiterten Existenz nicht die plötzliche, unstatthafte, etwas lächerliche Sentimentalität, sondern den schöneren Ausflug in das Reich der Poesie – den Wahnsinn. Den aufgeblasenen Rittern aber wünsche ich, dank ihrer chau-

vinistischen Uneinsicht allenmitsamt ein schreckliches Zugrundegehen in ihren blechernen Spielhöschen.«[4]
Niemals sonst hat Werner Schroeter eine Theaterarbeit so ausführlich kommentiert wie hier. Und er hat die theoretische Kritik an Kleists Haltung und Stück so konsequent in Theaterbilder umgesetzt wie kaum je zuvor. Der ideologiekritische Eingriff in Kleists Text widerlegt freilich die Selbstdarstellung des Regisseurs, der Psychologie und Politik (verbal) als »popelig« und »kleinkariert« aus seinem Theater verbannte. Aber er widerlegt auch die Behauptung jener Kritiker, Schroeter wiederhole auf der Bühne (und im Film) in monomanischer Besessenheit immer die gleichen Manierismen, Posen und Bilder, beute Stücke und Stoffe selbstherrlich aus. So schrieb Heinz Kluncker in seiner Rezension des »Bochumer Käthchens« in »Theater heute«: »Jenes Kindheitsklischee (von der zähnefletschenden Gebärdensprache der Lenore Fein) hat Werner sich im Herzen bewahrt und als Schroeter eine Künstlerkarriere darauf gegründet, die in ihrer Konsequenz nun schon zehn Jahre währt ... Das vorläufig letzte Opfer solcher exklusiver Selbststilisierung an überlieferten Texten ist Kleists ›Käthchen‹ ... Er reduziert Kleist auf eine ›traurige ethische Illusion‹ und kühlt daran sein Mütchen ... (seine) Regieeinfälle jedoch bedürfen weder Kleists Stück noch dessen Sprache.«[5]
Dieser polemischen Position, die Schroeter vor allem mangelndes Geschichtsbewußtsein vorwirft, wäre entgegenzuhalten, daß Schroeter hier gerade aus einem empfindlichen Geschichtsbewußtsein ein heute schwer spielbares Stück auf den Prüfstand einer kritischen historischen Bewußtseinsrevision stellt. Er entzaubert das romantische Märchen – und wir kennen heute die Revisionsbedürftigkeit gerade der romantischen Geschichtsperspektive –, indem er zum Beispiel die versöhnliche Utopie der Hochzeit zum Schluß als schönen Theatercoup entlarvt. Was zunächst als Gag, als Regieeinfall anmuten kann, hat innere Logik und Konsequenz: Der Kaiser, der Käthchens standesgemäße Herkunft bei Kleist im Sinne des Wortes bezeugt, erscheint als homosexueller Geck, der nicht ohne Selbstironie seine lächerliche Deus-ex-machina-Funktion durch sein Gebaren ad absurdum führt. Sein Vasall, der Graf Wetter vom Strahl (Wolfgang Schumacher) ist ein neurotisch gebrochener Wüstling, der Käthchen noch im Augen-

blick des Erkennens nicht zärtlich umarmt, sondern besitzergreifend über den Boden schleift, während sich die edle Ritterschar in einem virtuos als Zeitlupen-Ballett choreografierten Fecht-Gemetzel selbst der Lächerlichkeit ausliefert. Käthchen (Elisabeth Krejcir) macht die physischen und psychischen Demütigungen ihrer Liebes-Passion durch eine expressiv ausladende und zugleich gedrosselte Körpersprache sichtbar, indes Kunigunde (Magdalena Montezuma), Opfer einer permanent erniedrigten Anpassungsbiografie an ritterlich-höfischen Ritualkult, als groteskes Prothesenwrack an Krücken durch die Szenen geht. Käthchens Vater schließlich, der biedere Waffenschmied (Gottfried Lackmann), wird schon beim Verhör durch das Femegericht akustischer Folter – durch Beethovens am Tonband übersteuerte Chorfantasie: klassenfremde Musik als Marter-Metapher – ausgesetzt: Bilder und Figuren verstörter Komik und amorpher Trauer, sublimiert in einer Ästhetik des chaotischen Widerspruchs. Dem entspricht der von Schroeter wie immer in Zusammenarbeit mit einem »gelernten« Bühnenbildner entworfene Raum: eine leere, silbergrau getönte Bühne, flankiert von hängenden Metallstäben und einer Türflucht aus Silberfolie: klirrende Kulisse ritterlicher Lebenshaltung, abstrakte Symbolwelt romantischer Hoffnungsutopie.

Indes, an Kleists »Käthchen« scheiden sich die Geister; die einen halten es für das schönste Bühnenmärchen der deutschen Romantik, die andern schlicht für unspielbar. Schon Goethe nannte das Stück »eine verfluchte Unnatur« und sagte zu Eckermann: »Das spiele ich nicht, und wenn halb Weimar danach verlangt.«[6] Erst recht gingen die Meinungen über die Bochumer Fassung Schroeters, der ja als Theaterregisseur weitaus umstrittener ist denn als Filmemacher, auseinander. In der Tat aber zeigte seine Kleist-Adaption die Grenzen seiner eklektischen Regiemethode, und zwar in der Behandlung der Sprache oder genauer: im Versagen vor Kleists Sprache. Was abseits aller Kolportageeffekte das Geheimnis und die Größe dieser Dichtung ausmacht, nämlich das Unsagbare einer traumatischen Seelenbeziehung in Sprache zu bannen, es wurde hier nicht Ereignis. Folglich nimmt es nicht wunder, daß Kluncker in dem oben zitierten Verriß bei Schroeters Kapitulation vor der Sprache einsetzt: »Kleists Sprache wird hier zum Schrottwert gehandelt; wenn sie nicht hinausgeschrien

Lessing: *Emilia Galotti*

wird, dann erscheint sie durch Lautsprecher noch klirrender verzerrt. Daß sie ein Stück konstituiert, bleibt außer Betracht ...«[7]

Dagegen hat Ulrich Schreiber in der »Frankfurter Rundschau« die Zerstörung von Kleists Mysterium ungleich subtiler und insgesamt positiv bewertet: »Im Bochumer Schauspielhaus gibt es kein Märchen, das die tragischen Verkettungen der Realität dank der Unbeirrbarkeit eines Traumgefühls auflösen würde: Schroeter verweigert sich Kleists dramaturgischem Wunderglauben und spitzt statt dessen die Kunstmaterialien zu. Die Unwahrheit der Sprache treibt er, in Übersteigerung von Kleists Sprachskepsis, zu einer Art Sprachvernichtung. Kaum Kleist wird in Bochum gesprochen, zumindest nicht auf dessen Höhe, sehr wohl aber wird Kleist gespielt: in Weiterführung seiner Grundkonflikte ... Die Verwirrungen und Verstrickungen finden nicht mehr in einer Wortsprache,

sondern in einer Körpersprache statt, auf die Schroeter noch die Meta-Sprache der Musik setzt ... Konsequenterweise wird Kleists Sprachskepsis für alle, die dieser Sprache – als Sprecher wie als Hörer – nicht mehr folgen können, auf die angebliche Wahrheit der Erscheinungen selbst übertragen ... Diesen Transport schafft das bis zur Selbstaufopferung körperlich engagierte Ensemble durchaus, da es gerade mit seinen Momenten von Unprofessionalität die Kleistschen Widersprüche ... deutlich macht, schärft ... Bei Werner Schroeter wird aus der Unterdrückung von Kleists Sprachdialektik eine Körpersprache der Lüge: Wenn Käthchen und Kunigunde am Schluß zusammenfinden, ist das kein Akt weiblicher Emanzipation, sondern eine besondere Spielart der Frauenverachtung: Die Geschundenen haben ihre Schuldigkeit getan, die Geschundenen können gehen.«[8]
Eine besondere Spielart der Frauenverachtung – durch die (hier mittelalterlich-höfische) Gesellschaft, wäre notwendig hinzuzufügen. Damit schließt sich der im Stücke-Katalog von Schroeters Theaterinszenierungen angesprochene Kreis seiner Intentionen: die Frau als Außenseiterin und als Opfer der Gesellschaft, scheiternd in ihrem wie immer angestrebten Prozeß der Selbstverwirklichung. Das ist Schroeters Thema auf der Bühne. Seine formalen Mittel sind, im Sinne Genets, die eines magischen Totaltheaters aus Musikcollagen und Gebärdensprache, das wie in einem Prisma den Widerspruch von Sein und Schein auflöst oder zumindest scheinbar überwindet.
Als letztes Beispiel für diesen Regiestil und seine spezifische Musikdramaturgie mag die Bochumer Inszenierung von August Strindbergs »Fräulein Julie« stehen (Premiere 21. September 1977). »Und so gehe ich wie ein Menschenfresser und Henker umher. Welch ein Lebensberuf, Schriftsteller zu sein: wie ein Fleischhauer töten und verkaufen.«[9] Das Selbstbekenntnis Strindbergs, 1898 an seine vierjährige (!) Tochter geschrieben, könnte, bewußt oder unbewußt, das Konzept von Schroeters radikaler Neufassung dieses naturalistischen Trauerspiels stimuliert haben. Was wird da getötet? Der Glaube an die Steuerbarkeit des Gefühls durch den Verstand, das Vertrauen in die Kraft der Liebe, Klassenschranken zu überwinden zwischen Dame und Domestik. Im Gegensatz zu Strindberg »verkauft« Schroeter die verwundete Seele nicht mehr

auf dem Seziertisch der Psychoanalyse. Er stellt sie vielmehr aus in einem grell stilisierten Panoptikum der Leidenschaft (wie er später die Figuren von Lessings bürgerlicher Tragödie »Miss Sara Sampson« in Kassel über einen Laufsteg des entäußerten Gefühls hetzte). Gemeinsam mit dem Bühnenbildner Jan Moewes und der Kostümbildnerin Alberte Barsacq hatte er dafür einen Kuppelsalon mit üppigem Jugendstildekor entworfen, in dem zwischen einer Galerie goldgerahmter Barockspiegel und kostbar zerschlissenem Kostümfundus eine theatralische Treibhauskünstlichkeit schwelte, darin die Neurosen wucherten. Der soziale Aspekt der Tragödie vom Aufstieg des Dieners und Fall der Herrin war nur Anlaß für diese »Gefühlsausstellung«. Folglich reagierte Julie (Ingrid Caven), halb hysterische Opernheroine, halb laszive Kindfrau, ihre Sexualobsessionen gleichsam mit entblößten Nerven ab, in ihren Bewegungen immer dem sinnlichen Reiz des Tanzes nachgebend. Diener Jean (Wolfgang Schumacher) dagegen war ein pathologischer Pedant, der sich ständig die Haare kämmte, den Frack glattstrich, den Kragen zurechtrückte: der Mann als komische Slapstickfigur, ein manischer Beutejäger sexueller Gier.

Besonders schlüssig läßt sich an dieser Inszenierung das Kalkül einer vielschichtigen, durchdachten Musikdramaturgie ablesen, die Musik selten illustrativ, sondern als Kontrapunkt oder Äquivalent zu bestimmten Gefühlshaltungen und Bewußtseinsströmen einsetzt. Werner Schroeter hat die Begegnung mit Maria Callas als eine der entscheidenden seines Lebens bezeichnet. Das wundert nicht, denn wie keine zweite Primadonna in unserer versachlichten Zeit hat die Callas so anachronistisch wie singulär die hochdramatische Gefühlsentäußerung der großen Belcanto-Oper des 19. Jahrhunderts, zu der Schroeter eine besondere Affinität besitzt, in Kunst – das heißt in Wahrhaftigkeit und Schönheit – sublimiert. So wählte er (neben einer Collage aus europäischer Trivialfolklore als Ausdruck des trivialisierten Sozialkonflikts) für das psychische Drama der Julie als Leitmotiv die Ballettmusik aus Verdis »Maskenball«. Jene traumschön entrückte Musik bildet, scheinbar tändelnd, vordergründig den Kontrast zum blutigen Rachefinale der Oper. In Wirklichkeit zeichnet sie die seelischen Konturen zweier Liebender, deren Verzicht unter dem Zwang ehelicher und gesellschaftlicher Konvention schon vor

der Mordtat des betrogenen Ehemanns vollzogen war: Bei Verdi wie bei Strindberg scheitert Selbstverwirklichung durch Liebe an den Gesetzesnormen der herrschenden Klasse wie an den eigenen inneren Moralschranken. Bedenkt man außerdem, daß Verdis »Maskenball« ursprünglich am schwedischen Königshof spielt und die Handlung aus Zensurgründen nach Nordamerika verlegt wurde, so bleibt kein Zweifel an der subtil durchdachten Funktionalität von Schroeters Musikzitaten.
Indes, der Versuch, Werner Schroeters Theaterarbeit zu schematisieren, nach bestimmten Kriterien zu analysieren, bedeutet im Grunde, sie in ihrem Wesen verkennen. Seine Schauspiel-Inszenierungen stellen sich der Ambivalenz von Leben und Kunst. Sie erlauben sich, wie Jean Genets Dichtung und Vita, die Revolte: Verstörte Feste, spiegeln sie Widerspruch und Kongruenz von Sein und Schein im Ritual lebender Bilder. Und die Musik dieser Feste entmaterialisiert Realität durch die Schwerelosigkeit ihrer Klangwelten – dem Seiltänzer gleich, der die physikalischen Gesetze der Schwerkraft überwindet durch die Anmut und Schönheit seines Tanzes über dem Abgrund des Todes.

1 Jean Genet, Der Seiltänzer, Übersetzung Manon Griesebach, Hamburg 1963
2 Süddeutsche Zeitung vom 3./4. 8. 1974
3 zitiert nach Süddeutsche Zeitung v. 3./4. 8. 1974
4 BO-Information, Bochum 1978/79
5 Theater heute, Seelze, Heft 2/79
6 zitiert nach: Georg Hensel, Spielplan, Berlin 1967
7 Theater heute, Seelze, Heft 2/79
8 Frankfurter Rundschau vom 18. 12. 1978
9 August Strindberg, Briefe, Hamburg 1958

Interview

Von Daniel Schmid

Wie geht es Ihnen, Herr Schroeter?

Also ich muß sagen, daß ich, was ich früher nie gemacht habe, nämlich Arbeit zu akzeptieren, seit eigentlich drei Jahren tue. Also eine Arbeitssituation, ohne daß man gemütlich Ruhe hat, was mir eigentlich sehr abgeht, aber irgendwo akzeptiere ich das innerlich, was ich vor drei, vier, fünf Jahren nie gemacht

Inszenierung von Strindbergs *Fräulein Julie*

hätte, wo ich immer aus Theaterinszenierungen weggelaufen bin, einmal aus dem Grund, weil mir die Idee, jeden Tag denselben Leuten begegnen zu müssen, zuwider war, mein Leben völlig als so 'ne Reduktion von Arbeiten anzusehn. Kurz und gut, mir geht es an sich auf der einen Ebene gut, auf der andern Ebene herrscht Isolation; daß man sich extrem entfernt von allen Leuten, irgendwo, immer mehr. Das tröstet mich aber wiederum insofern, als ich mir gedacht habe, wenn man stirbt, hat man auch niemanden, der mit einem zusammen ist. So ist es eigentliche Verarbeitung von Leben, und gleichzeitig ist es auch eine Vorbereitung darauf, daß man den Tod akzeptiert, mit anderen Worten, ich bin viel weniger eitel geworden, und das zahlt sich auch aus, daß andere Leute zu mir Affekte entwickeln, mehr als vorher. An sich gehts mir gut, bloß hätt ich gern endlich mal Ruhe zwischen »Lohengrin«[1] und Palma di Monte Chiaro[2]. Irgendwo. Ach. Und dann gibts vieles, an dem ich was auszusetzen hab, immer.

Kunst sollte für das Leben einer Gesellschaft die Funktion haben, die der Traum für das Individuum hat?

Da fällt mir sofort ein: ich find das so wichtig, daß man austräumt, daß man sich austräumt, als Individuum, als Privatperson, und ich brauch dazu eigentlich Jahre, weil ich den halben Tag eh verschlafen müßte, damit ich dahin komme, daß ich dem Leben begegnen kann, ohne unfertig zu sein. Kunst ist aber auch noch mehr. Kunst ist nämlich einfach ein Gestaltungsversuch an sich selber, und zwar nicht im Sinne von Träume zu verwerten, sondern um 'ne Idealität oder so 'ne Vorstellung der Sehnsucht zu träumen, aktiv ...

... Mit dem Bedürfnis, die Zeit anzuhalten. Wenn Kunst also dieselbe Funktion für die Allgemeinheit hat, wie der Traum fürs Individuum, ist sie einerseits völlig unnütz, andrerseits aber gebrauchbar als Katalysator für Verdrängungen und Unterdrücktes schlechthin. Was die Gesellschaft aus sozialen Mechanismen heraus verdrängt, müßte sie ausdrücken. Nun meine Frage: Ist es die soziale Aufgabe der Kunst, nicht-sozial zu sein, sondern antisozial oder asozial zu sein? Wobei zu unterscheiden wäre zwischen sozial im ursprünglichen Sinne und dem, wie es praktiziert wird in den Unterdrückungsgesellschaften der Kessler Zwillinge Ost und West. Um es direkter zu sagen: ist es die

soziale Funktion, von dem, was du machst, antisozial/asozial zu sein?

Ich weiß nicht, wer das gesagt hat, ob es der Genet war oder nicht, weil ichs nie behalte, wer was gesagt hat, auf jeden Fall: Eine Sache, die ich sehr schön finde, ist: in der bürgerlichen materialistischen Gesellschaft gibt es zwei Positionen: die des Verbrechers und die des Künstlers – die also beide noch irgendwie einen Raum von Freiheit haben; und dieser Ansicht bin ich auch total, daß das Grenzbezirke sind, und zwar nicht auf Grund dessen, daß die Kunst als Beruf irgendwas Ungewöhnliches wäre, ich mein, das sehn wir doch in der DDR, daß die Kunst auch total verbeamtet sein kann, wenn die Leute nicht dem entsprechen, was verlangt wird, und daß dann Restriktionen wirksam gemacht werden ... Also ich glaube an zwei Sachen, ich glaube daran, daß jeder Mensch den Wunsch hat, in seiner Existenz eine Sehnsucht zu entfalten, daß die Sehnsucht eigentlich der Wunsch ist; also ein Versuch zu existieren hat bestimmt nichts damit zu tun, daß Leute Fernseher kaufen und Sozialversicherungen abschließen. Ich glaube, der ursprüngliche Wunsch vom Menschen zielt auf ein Lebensgefühl, das Freude beschert, oder Vergnügen oder sowas. Das hat nichts mit solchen materialistischen Sachen zu tun, sondern ein Mensch will sich ausleben, daß zum Beispiel ein Kontakt möglich ist zum andern Menschen. In diesem ursprünglichen Sinne von »sozial« seh ich die Kunst nicht als antisozial, ich seh die Kunst als soziale Einrichtung, wie im alten Griechenland, ich seh die Kunst als den Kataklysmus von nicht gelebten Sehnsüchten. Aber ich finde, das ist ein Beruf, wie eine Straße zu bauen, oder sowas; also alles, was konstruktiv ist, ist auch künstlerisch für mich, d. h. wenn jemand einen Motor erfindet, wie Herr Wanckel den Wanckelmotor, oder wenn jemand auf die Idee kommt und das Penicillin entdeckt gegen Syphilis oder tausend bakterielle Krankheiten, das, find ich, sind kreative Prozesse, die extrem sozial sind. Ich werde mich von der Ebene trennen, zwischen einem präzis eingegrenzten sozialen Arbeitsbezirk, im Sinne unserer Gesellschaft, und der eigentlichen Vorstellung von dem, was eine menschliche Gesellschaft sein sollte als Definition, und wenn man von dem letzteren ausgeht, würde ich sagen, daß die Kunst extrem soziales Gebiet bestreicht, genau wie das Verbrechen, weil das Verbrechen eben auch ein mutigerer Ausdruck von Frustration ist, als der Kauf von drei Mercedes oder sowas. Mit andern Worten, weißt du, wenn ich jemanden anbrülle und sage: »Siehst du denn nicht ein, daß du das nicht kannst, du Idiot« und so weiter, wenn der dann ein Messer nimmt und mir die Gurgel durchschneidet, finde ich, dann ist das ein wesentlicherer Ausdruck von Sozial-Leben, als wenn ich jemandem dasselbe sage, und der geht dann nach hintenhin und haut seinem unteren Angestellten eins auf den Kopf oder seiner Frau – was der materialistischen heterosexuellen Gesellschaft entspricht. Wie ich daran glaube, daß die sexuelle Problematik sehr stark mit dem Materialismus zusammenhängt, und mit 'ner Wunschvorstellung, die bereits am Objekt aufgebaut ist. Ich glaub, daß die Homosexualität deshalb so attraktiv ist für das, was man »Künstler« nennt, weil der Künstler von vornherein so ein materialistisches Wertsystem ablehnt, irgendwo; daß gerade bei jemanden, der kreativ ist, sich so 'ne innere Abwehr entwickeln muß dagegen, daß er mit 'ner Frau fickt als Mann, weil das einfach das Gesellschaftsnormale ist, also das, was dem System gemäß ist, in dem man lebt und gegen das man kämpft. Insofern sehe ich die Homosexualität überhaupt nicht als psychologisches Faktum, sondern eher als 'ne soziale Reaktion auf 'ne materialisierte Umwelt. Und sie deshalb auch in »diesen berühmten Künstlerkreisen« immer mehr anzutreffen beziehungsweise seit Ewigkeiten vorhanden ist – ebenso wie des »Gedankens Blässe« (was mir auch vorgeworfen wird), so ist es halt des »Schwanzes Morgenrot« oder sowas. Ich weiß nicht, jedenfalls hat das mehr poetische Substanz als etwas sozial zu vollziehen, das man eigentlich nicht einsieht, weil die Gesellschaft, in der man lebt, diesen sozialen Vollzug als Anspruch formuliert. Und deswegen wird man kreativ. Man wird ja nur kreativ aufgrund von einer Sehnsucht und damit gekoppelt: aufgrund einer Ablehnung. Die Sehnsucht kann ja überhaupt sich nur aktiv entwickeln, wenn man die Umgebung, in der man lebt, ablehnt. Wenn ich hoffnungslos zufrieden bin, in unserer Gesellschaft, hab ich auch keine Sehnsucht und entwickle sowieso keine Erotik, sondern höchstens 'ne Sexualität, die dazu parallel läuft nach dem Motto: dies Brot ißt man heut, und morgen ißt man dieses und übermorgen fahrn wir ins Urlaubs-System.

Diese Art von Indifferenz könnte zu der Frage führen, inwieweit aggressiv besetzte Momente, oder Aggression schlechthin eingesetzt werden sollen, um kreative Prozesse voranzutreiben?

Ich glaube, daß die Aggressivität (also die Aggression im positiven Sinne), wenn sie ihr Mitgefühl nicht verliert für die Umgebung, d. h. wenn sie nicht isoliert auftritt, also wenn jemand nicht pathologisch aggressiv ist, da find ich, ist die Aggression ein sehr wertvoller Prozeß. Also ich hab überhaupt keine Bedenken gegenüber Aggressionen. Ich red aber nicht von Leuten, die eine Aggression derart aufbauen, daß sie sagen: »Mir geht es schlecht, das ist ein Schwein, das bring ich um.« Das ist für mich keine Aggression, das ist für mich 'ne soziale Pathologie.

Progressive Verweigerung kann z. B. doch einen aggressiven Charakter haben?

Das ist für mich eine negative Aggression. Gegen 'ne Verweigerung kannst du entweder mit Indifferenz antworten und Freundlichkeit, also mit gar nichts, oder aber mit 'nem Hackebeil auf den Kopf hauen, d. h. es führt nicht zu einer positiven Erweiterung von irgendwas. Indifferenz ist das Allerschlimmste, das es überhaupt gibt. Was Unentschiedenes auf 'ner seelischen Ebene, das wird ja immer verwechselt mit der praktischen Ebene, daß man z. B. sagt: »man kann den Kuchen eventuell auch so backen, oder so backen«, das wird als Unsicherheit gedeutet, was aber nicht stimmt. Das ist weder Unsicherheit noch Indifferenz, das ist ein Vergleichen von Chancen im Traum, wenn ich einen Kuchen so backen kann oder so, und von Phantasie. Für mich ist Indifferenz ein Verhalten, das davon ausgeht, daß jemand anderes, der dir gegenübersitzt oder überhaupt irgend jemand von vornherein für dich eine einer andern gespenstischen Welt zugehörige Person ist oder irgendwie eine Gefahr für dich bedeutet. Wenn jemand kommt und sagt: »Hör mal zu, Werner, so geht dein Leben nicht weiter und ab morgen setzen wir dich auf Zwieback und Tee und um sieben stehst du auf, und tust dies und das, und morgen drehn wir die Szene so und so, sonst geht das nicht«, dann kann ich auf sowas nur antworten: dann knallen die Wände und ich hau die Leute in die Pfanne. Wenn mir aber mit Indifferenz im Leben geantwortet wird, dann ist die Abwehr dagegen sehr groß bei mir. Denn das Zerbrechen von

Indifferenz ist praktisch unmöglich. Deswegen ist es die Stärke eines Systems, das verinnerlicht wird auf negative Weise, es ist etwas Entscheidungsloses, es ist ein instinktives Verhalten, obgleich in der Industriegesellschaft gar kein Instinkt mehr existiert in seiner ursprünglichen Form. Für mich ist Indifferenz ein Anmaßen von falscher und längst verlorener Natürlichkeit. Es gibt heute nicht die Möglichkeit, indifferent zu sein. Es ist unmöglich, wenn du dich selber betrachten willst als Bestandteil von 'ner Umgebung. Also wenn du dir nicht besser und nicht schlechter vorkommst, sondern eher vereint im Kampf darum, daß man versucht, die Welt darauf hinzuweisen, daß man unglücklich und unzufrieden ist und trotzdem 'ne Hoffnung vertritt.

In der Abendröte der Ideologien (außer der des Konsumismus), wo die Bedrohung der Einzelperson durch immer perfektere Unterdrückungssysteme zunimmt, müßten sich künstlerische Prozesse verstärkt an der Suche nach dem Absoluten orientieren. Ist hingegen Politik aufs Absolute ausgerichtet, statt aufs Relative, kommt es zu Katastrophen, wie bei der Hitler-Politik, die auf Endlösungen abzielte, also aufs Absolute. Insofern könnte man da von ästhetisch motivierter Politik sprechen.

Für mich ist die Hitlerpolitik in erster Linie eine Konfliktumgehung, d. h. die Welt in schwarz und weiß aufzuzeichnen, damit man überhaupt das Weiß erfahren kann. Die Rassenpolitik hat psychologisch tausend Hintergründe, also z. B. daß der jüdische Konflikt auch mit größerer Potenz, also Merkantilität verglichen worden ist; oder daß die Neger in Amerika größere Schwänze haben usw., das ist genau dasselbe. Das ist einfach die Angst vor so einem Realitätsverlust, der extrem stark ist bei Leuten mit einer pathologischen Überbetonung des Machtkonflikts, der aber wiederum erstmal durch die Tradition unserer Gesellschaft aufgebaut wird. Denn Macht zu haben, wird ja als wünschenswert, als Lebensziel und Liebesziel übrigens ja auch dargestellt. Das heißt: für mich ist der Hitler jemand, der versucht hat, diesen Konflikt auf Kaspertheater-Weise aufzulösen, allerdings mit einer solchen Grausamkeit, die ungewöhnlich ist, insofern entspricht er eben nicht dem Klischee. Normalerweise geschieht sowas nur im Familienkreis. Wenn ich keinen hochkriege, dann sind andere dran schuld, wenn ich nicht ficken kann, so sind die andern daran schuld; das ist das ganze Konzept beim Hitler, und das hat blendend funktioniert, weil anscheinend keiner in Deutschland ficken konnte, weswegen diese Potenzproblematik in bezug auf Rassenfragen leicht zu verschieben war. Aber dahinter steht natürlich der Realitätsverlust als Anfangsschritt. Denn es ist ein totaler Realitätsverlust, wenn ich glaube, ich kann ein Problem erledigen dadurch, daß ich Leute umbringe und einen Massenmord inszeniere.

Das System allerdings, in seiner Perfektion, wäre in England oder Italien z. B. nicht möglich gewesen, weil dort mehr Sinn vorhanden ist für eine menschliche Gesellschaft, während in Deutschland der Sinn für das Ordentliche bekanntlich immer dominiert, und das hat das Ganze ja so furchtbar mechanisch gemacht; und das ist eben nur möglich vor dem Hintergrund eines ganzen Volkes, und nicht nur von ein paar Millionen Parteimitgliedern. Da müssen ja alle mitmachen.

Sicher. Das ist vergleichbar mit der Entwicklung des Katholizismus in Italien, wo die Leute seit Urgedenken sich über die Korruption der katholischen Kirche im klaren waren, es ihnen aber wurscht ist, wohingegen das in Deutschland einen Beamten wie Martin Luther auf die Palme gebracht hat.
Man muß davon ausgehen, daß im Vatikan immer gefickt worden ist, und in jedem Kloster, und daß der Herr Luther mit seiner Reformationsidee eigentlich uns erst beigebracht hat, daß, ich glaub »Zweien in der Woche«, also zweimal gerade noch gut ist, alles andere aber schädlich ist. Ich meine, im Grunde genommen ist die Erfindung des Puritanismus, als Abwehr der Korruption der Kirche, der Vertreterin Gottes auf Erden, die Erfindung einer neuen Korruption, die noch viel raffinierter ist, wie eben auch die Eroberung des neuen Kontinents Amerika durch die Pilgrim Fathers auch wieder eine neue Verschleierung einer noch stärkeren Korruption war. Was dabei in Amerika rausgekommen ist, ist, daß die Leute jeden erotisch natürlichen Kontakt zur Umwelt verloren haben, wo der Kontakt entweder nur noch geht über totschlagen oder anpissen, oder Drogen, oder Sexorgien, also Orgien im Sinne einer Ausuferung, die eigentlich psychisch nicht mehr gerechtfertigt oder gewollt ist. Da kann man aber nicht behaupten, daß Luther und Protestantismus und Calvinismus irgendeinen positiven Effekt gehabt hätten. Abgese-

hen davon, daß sie die katholische Politik überhaupt nicht geändert haben. Die hat sich nämlich nie geändert, weil sie darauf beruht, daß die Leute schwach sind, die Politik machen und daß man sich damit abfindet und es so gut wie möglich verschleiert, und alles im besten Einverständnis um alles wissend versucht, die Idee dahinter zu respektieren. Der Lutherismus und die ganzen puritanischen Ideen, die gefunden worden sind, als Alternativen zum Katholizismus, so richtig sie waren, wenn man die Sachen liest, haben eigentlich nur dazu geführt, daß die Leute sich noch verlogener verhalten konnten. Ich glaube nicht, daß der Puritanismus eine Befreiung gewesen ist, sondern eine andere Verschleierung von Tatsachen unter größter Ehrenhaftigkeit. Eigentlich ist das noch viel raffinierter als Verlogenheit. Weil bei der Erfindung der protestantischen Bewegung die Leute sich, ohne daß sie es gewußt haben, bloß auf eine andere Ebene von Vorstellung begeben haben, weil sie nämlich im Religionsgesetz genauso wie die Katholiken ganz wesentliche Bedürfnisse des Menschen nicht akzeptieren.

Ich zitiere aus deinem Nachruf auf die Callas: »Es wäre absurd zu behaupten, daß der Wunsch nach Schönheit und Wahrheit eine bloße Illusion romantisch-kapitalistischer Gesellschaftsform ist. Zweifellos bedeutet der Wunsch nach einer übersteigerten, überlebensgroßen Wunscherfüllung, den wir überall in der traditionellen Kunst finden, zu der durchaus auch die modernen Trivialmedien wie Kino und Fernsehen zu zählen sind, ein ganz allgemein dem Menschen eigenes Bedürfnis; denn seine allzustarke Bestimmung im Tod, dem einzig objektiven Faktum unserer Existenz, verwirkt von vornherein die Aussicht auf konkretes Glück.« Und weiter sprichst du von den »Zeichen, einer in sich selbst verkommenen Konsumgesellschaft, in der es keine berechtigte Hoffnung auf eine aufrichtige Freundschaft, d. h. auf gegenseitiges Verständnis geben kann«. Du schreibst über die Callas, aber natürlich, schreibst du in erster Linie über dich. Da sprichst du dann »vom Ehrgeiz, die wenigen grundsätzlichen menschlichen Ausdrucksmomente bis in den musikalischen und gestischen Exzess auszuleben – diese wenigen total vertretbaren Gefühle: Leben, Liebe, Freude, Haß, Eifersucht, und Todesangst in ihrer Totalität und ohne psychologische Analyse vorzutragen«. Das ist wohl etwas, was deine ganze Arbeit berührt?

Mich interessiert Psychologie in diesem Sinne nicht. Ich finde höchstens, daß sie hilfreich sein kann, um Leuten, die sich unwohl fühlen, zu helfen, da find ich die Psychologie als Handhabe und Lebenshilfe absolut perfekt und richtig. Sie hat mich nie interessiert als bloß ausdruckbestimmendes Mittel. Ich reagier auf die Umwelt nicht so, mit psychologischen Überlegungen. Ich kann das gar nicht. Jener Callas-Artikel ist ja das Ergebnis des dummen Zufalls: daß meine Mutter starb und dann kurz danach die Callas, und daß das für mich zwei sehr wichtige Figuren waren. Als Erlebnis hat mich das sehr unangenehm berührt. Die Callas war keine Intellektuelle, sondern eine Person, die eigentlich überall und in jedem Moment, wo ich die Stimme höre, auch wenn sie schlecht gesungen hat mitunter, einfach so einen Anspruch von totaler Wahrhaftigkeit erfüllt, d. h. daß diese Momente von Liebe, Haß, Trauer, Tod und so weiter, daß die permanent in jedem Moment da sind, ohne kitschig und pathetisch zu sein; es ist so eine Anforderung von Gesamtheit im Ausdruck, das find ich eben sehr schön.

Tullio Serafin hat geantwortet, als man ihn gefragt hat, ob er die Stimme von der Callas schön oder häßlich finde, »ich habe nie darüber nachgedacht, ob ihre Stimme schön oder häßlich war. Ich wußte nur, es war die richtige Stimme. Non era letta, era vissuta.«

Das ganze Ding über die Callas ist im Chaos der Endproben von »Fräulein Julie« in Bochum entstanden. Ich hab das damals als Konzept von einigen Seiten einer Bekannten diktiert und dann durchs Telefon der Zeitung durchgegeben, ohne daß es überhaupt geschrieben war. Das heißt, aus dem Stegreif mit ein paar Blättern, ohne ein Wort verändert. Was mir trotzdem daran gefällt, ist folgendes: »Unter allen weiblichen Interpreten, die ich kenne, war Maria Callas diejenige, die in ihrer Ausdruckskraft die Zeit solange stehenlassen konnte, bis jede Angst verschwand, auch die vor dem Tode selbst, und ein dem, was man Glück nennen sollte, ähnlicher Zustand erreicht wurde. Wie ein Blinder seinen Hörsinn und Tastsinn besser entwickelt als ein Sehender, so war Maria Callas ein Beweis dafür, daß man aus sich heraus, ohne die Befolgung stupider Vorschriften in einem eingeengten System – sie war zu kurzsichtig, um überhaupt von der Bühne her den Taktstock des

Dirigenten sehen zu können – Schwächen unbesehen zu eigener Kreativität verwandeln kann.«
Das ist wirklich absolut, wie ich denke, daß man arbeiten kann, wenn man versucht, etwas Nicht-Intellektuelles zu machen. Denn das Gedankenspiel unterliegt einer so großen Kontrolle, daß ich damit nichts anfangen kann, wenn es nur ein Gedankenspiel ist.
Bei den Proben zum »Käthchen von Heilbronn« hab ich dem Darsteller, der den Vater vom Käthchen spielt, gesagt, es gibt keine Mitbestimmung, es gibt für mich im Leben nur dies hier (*Schroeter faßt an seine Stirn; D. S.*) und das hier (*er faßt an seinen Schwanz; D. S.*), und irgendwo auf der Zwischenstrecke liegt auch noch das, was mein Herz ist. Alles andere ist für mich absolut unbegreiflich, als Gefühl, ich kann dem zwar intellektuell folgen, aber die Bedürfnisse, die ich hab, sind hier und hier in diesem Zwischenbereich. Aber sonst gibts keine, und das hat er auch verstanden. Als Modell. Ich kann damit nichts anfangen, wenn die Leute behaupten, das Glück läßt sich erlernen. Glück läßt sich anstreben, und erleben vielleicht eines Tages, aber bestimmt nicht erlernen, indem man Bücher liest.

Das heißt, daß nur glücksähnliche Zustände erreicht werden können, da man die Zeit eben nicht zum Stillstehen bringen kann. Nur die Illusion des Anhaltens (wie heute Abend, als wir auf dem Rummelplatz in der Schaukel auf dem Höhepunkt des Ausschlagens der Bewegung waren) kann maximal hinausgezögert werden. Bei der Callas gab es diese Momente, die 2000 Personen gleichzeitig erlebten, oder wenn Nijinski getanzt hat, bevor er verrückt wurde.

Die Illusion, daß der Tod nicht existieren würde, beim Vergessen des Momentes, daß er wirklich existiert.

Das heißt, daß Liebe vorhanden sein sollte zwischen uns, gerade durch die Abszenz dieser Liebe.

Das heißt es auch unter anderem, aber das heißt auch, daß dieser glücksähnliche Zustand, wie er in diesem Artikel angesprochen ist, oder das, was du »auf der Gondel« nennst, daß es darin besteht, dieses Glücksgefühl: daß nämlich in dem Moment tatsächlich vergessen wird, daß der Tod existiert, und die Endlichkeit damit im menschlichen Leben. Aber gleichzeitig

Inszenierung: *Emilia Galotti* (Chr. Kaufmann, M. Montezuma)

wird es gewußt, und deswegen doppelt genossen. Es ist einfach eine Frage von Aufgabe, also von Selbstaufgabe und von Todesaufgabe, also Leben. Ich selber bin mit meinem Problem nicht wichtig, und der Tod ist auch nicht wichtig, weil: beides wird vergessen in so einem Moment, wie in der Oper, und alles wird musiziert, nicht behauptet, nicht gesprochen, sondern musiziert, das ist das Wichtige daran, als Abstraktion. Deshalb

Dreharbeiten: *Der Tod der Maria Malibran* (Chr. Kaufmann)

mag ich das schon immer so wahnsinnig gern. Außerdem ist das wichtigste Element überhaupt, in so einer Gesellschaft, in der wir leben, der Geist des Widerspruchs. Wenn mir jemand sagte: »Also so könntest du doch lernen, dich ordentlich zu verhalten« usw., dann würde ich schon aus intellektueller Einsicht heraus mich dagegen verhalten, weil das alles nur ein Versuch ist, Umwelt zu beherrschen, damit sie bequemer wird, aber bequemer im Sinne von eigener Angepaßtheit. Also im Grunde genommen ist der, der solche Art von Ordnung verlangt, bereits so angepaßt, daß er mir sowieso nichts zu sagen hat. Denn das, woran er angepaßt ist, ist das, wogegen ich kämpfe.

»Wenn Maria Callas die Worte aus der Oper »La Gioconda« (O cuore dono fatale, retaggio di dolore, il mio destino e questo: O morte, o morte, o amore – O Herz, trauriges Geschenk, Grab an Schmerzen, mein Schicksal ist der Tod, der Tod oder die Liebe) vortrug, hatte sie es erreicht, daß aus einer Platitüde die unausweichliche Dialektik unserer Existenz schimmerte. Die Bedingungslosigkeit des Gefühls bedeutet längst keine Dummheit, denn Bedingungslosigkeit bedeutet bereits zwei Möglichkeiten: »Der Tod und die Liebe«.

Was ich damit ausdrücken wollte, ist: daß man darauf besteht, eine Hoffnung zu haben. Also sich nicht zu arrangieren. Und einfach darauf zu bestehen, wie alle Anarchisten, wie Hölderlin zum Beispiel, auf so einem Wunsch. Nicht auf der Erfüllung ihres eigenen Wunsches als allgemeinem Prinzip, das heißt, nicht daß alle Leute so denken und fühlen sollten wie sie, aber auf den Glauben daran, daß irgendwo für diesen Wunsch, für diese Hoffnung irgendein allgemeiner Grund besteht, denn sonst gäbs auch keine Kriege, denn die entstehen ja nur permanent aus einer ungelösten Wunscherfüllung sozialer Art. Daß dieser Wunsch da ist, daß das Leben sich ändern möchte, außer in einem System, daß total materialistisch geworden ist, weil den Leuten sogar die Freiheit genommen wird, die Wünsche zu haben, die mir als die eigentliche Essenz meines Lebens erscheinen.

Kennst du in bezug auf deine Arbeit oder dein Leben, was ja eine gewissen Identität aufweisen sollte, sowas wie Befriedigungsmomente?

Weniger in bezug auf Arbeit jetzt; früher war das so ein kindliches Vergnügen am Kostbaren, was man tut und was man hat. Im privaten Bereich ist es allerdings anders, z. B. wenn ich merke, daß Leute sich mir gegenüber öffnen, bin ich zwar nicht im Delirium des Glücks, aber ich finde das einfach angenehm. Ich sehe darin keine Sensation, wenn Verhältnisse sich erneuern, auf andern Ebenen. Und wenn Leute von mir abhauen, find ich das auch nicht weiter schlimm.

Was hat der Tod deiner Mutter für dich bedeutet?

Der Tod meiner Mutter ist für mich das Ende von einem Traumreich gewesen, in dem eigentlich alles auf einem second degree stattfand. Also auch meine ganze Arbeit, weil es für mich so einen Heimatbegriff gegeben hat. Ich konnte also in Los Angeles sein, oder in Mexico, oder in Hintertupfingen, irgendwie hat es im Jahr ein Moment gegeben, wo ich da ankam, mich fallen ließ, in so ein Nest, es ist sicher so ein Nestfluchteffekt, mit abgedunkelten Fenstern liegt man im Bett, und träumt vor sich hin und erholt sich, und holt sich selber zurück. Da, wo man zu Hause ist. Und als es weg war, war es im Moment sicher die größte Art von Selbstentfremdung, und dann hab ich das beste daraus gemacht, weil ich seit dem Tod meiner Mutter wirklich mehr gearbeitet habe als in den ganzen sieben Jahren davor.

Hattest du denn da das Bewußtsein, daß du einem solchen Verlust oder einer so großen Selbstentfremdung nicht mehr begegnen wirst?

Das ist klar, außer dem Verlust der Callas, das hat mich genauso auf die Straße geschmissen, weil ich da drin immer so eine seelische Heimat gesehen hab. Nicht aus Intellektualität, sondern nie hab ich irgendetwas gehört, was mir so nah war irgendwo, was mir heut noch so nah ist, obgleich ich früher dauernd das Bedürfnis hatte, das zu hören, heutzutage höre ich das im Monat fünf Minuten, die Stimme von der Maria Callas. Ich brauch das doch nicht zu hören, seit sie tot ist, weil es mich unangenehm berührt, daß jemand, der tot ist, weitersingt, ich mag sowas überhaupt nicht, so ’ne Fortsetzung von Endlichkeit, in so ein’ Dauerbereich, so ’ne Dauerwurst. Ich find das viel toller, wenn es keine Platte und nichts mehr gibt, wenn die alle gestorben sind, wenn die zerspringen würden, wie die Spiegel von Schneewittchen. In dem Moment, wenn sie gestorben sind, daß auch all ihre Schall- und Tonträger platzen, und weg sind sie. Sodaß eine Erinnerungsarbeit zu leisten ist, daß man sich klar wird darüber, wer die Person gewesen ist und was sie eigentlich bedeutet hat, zu einem bestimmten Zeitpunkt, in einem bestimmten Moment der Geschichte. Anstatt, daß man sich die Sinnlichkeit zurückrufen kann, die die Person selber gar nicht mehr verantworten und herstellen kann, weil sie längst verfault auf dem Friedhof liegt. Aber dies nur so als spinnerter Gedanke, deshalb hör ich sie auch viel seltener als früher.

Die Kunst der Callas, d. h. das Phänomen ihrer Bühnenausstrahlung ist ja merkwürdigerweise, (wenn man von ein paar Minuten »Tosca« auf Film aufgezeichnet absieht) nicht mit den Mitteln ihrer Epoche aufgezeichnet worden. Das heißt, wer sie nicht erlebt hat, wird nie wissen, was es gewesen ist, auch wenn die schlechteste Schallplattenaufnahme noch etwas davon wiedergibt. Für mich ist Kunstgeschichte, was in einem Museum übrigbleibt von einer Epoche. Aber es ist nicht notwendigerweise das Optimale, was aus so einer Zeit herübergekommen ist. Ich kann mir vorstellen, daß sehr viel Schönes nicht aufbehalten wurde von den Leuten, weil kein wirkliches Bedürfnis oder Verständnis dafür vorhanden war. Und ich glaube, daß eher im Grunde der Ausdruck von so einem Konsensus einer Epoche, d. h. deren Mediokrität aufbehalten wird.

Ja, ich mein das auch von der Idee her. Was der bürgerlichen Kunst anhaftet, ist die Vorstellung, daß etwas einmal Erreichtes erhalten werden könnte. Das stimmt ja gar nicht, da sind einfach geraubte Lebensmomente dabei. Ich glaube, daß die Callas in ihrem relativ naiven intellektuellen Bezirk das sehr gut kapiert hat, und deswegen z. B. verweigert hat, daß Filme von ihr gemacht werden. Daß sies einfach als unnatürlich empfunden hat, so eine Dauerwurst herzustellen aus dem ins Unendliche verlängerten Moment, den sie in der Realität hergestellt hat. Das ist ja nicht ins Unendliche verlängert, daß man das nun tausendmal anhören kann, das ist wirklich das Konsumprinzip von Reproduzierbarkeit. Mir wäre das auch völlig wurst, wenn alle Platten und Bänder von ihr in diesem Moment von der Erde verschwinden würden. Es würde an der Person nichts schmälern, im Gegenteil, es würde sie irgendeiner dümmlichen Nachstellung und Aufhellung von falsch oder richtig gesungenen Noten entziehen und sie auf den mythischen Platz verweisen, wo eigentlich alle in ihrer Simplizität totalen Figuren hingehören. Ich mein, daß es die größte Primadonna des Jahrhunderts war, das hat nun jedermann verstanden, mehr brauchts auch nicht zu sein für die Nachwelt.

In Paris gibts im Moment im Hotel der Mme. de Sévigné eine Ausstellung eines Teils des Privatbesitzes der Callas, den sie der Stadt Paris vermacht hat. Also Bühnenkostüme, ihren Flügel mit einer Bellini-Partitur, zwei kleine Plastikpudel als Maskottchen, ein paar Briefe von der Poncelle, der Malibran, ein Foto von Elvirs di Hidalgo. Das Ganze in fast dunklen Räumen, die Objekte in toten Spiegeln, und von der Decke herunter ihre Stimme. Also unheimlich pathetisch und gespenstisch. Und das eigentlich Berührendste sind so ein paar Fotos »Les dernières vacances, hiver 1977«, von ihr in der Schweiz, auf irgendeiner idiotischen vernebelten Seilbahnbergstation, umgeben von Gesichtern, die eigentlich genau das ausdrücken, wovon du in jenem Nachruf sprichst, nämlich, daß die Callas »ein gemeinsames Schicksal teilt, mit all den Menschen, die durch zu reichliches Verschenken eigener Kraft und eigener Persönlichkeit in einer unglaubwürdigen Umwelt zugrunde gehen müssen, da sie niemals etwas vergleichbar Schönes zurückbekommen«.

Das, was ich zum Beispiel tue, ist, daß ich mich absolut nicht darum bemühe, mich in meiner Umwelt zu rechtfertigen, während ich arbeite, d. h. ich weiß aber schon, daß ich Kraft geben kann, und ich bin im Moment ununterbrochen damit beschäftigt, meine Kraft rauszuschmeißen und meine Empfindungen zu überprüfen. Ich glaub schon, daß ich da sehr viel mehr geb, als daß ich nehmen kann. Aus dem einfachen Grunde, weil mir das Geld, das ich da kriege, das ich als Risiko in den Film hineintrage, weil mir einfach dieses ganze Geld-Ambiente zu langweilig ist. Das hat doch damit nichts zu tun. Das hat doch damit zu tun, daß nur wenige Leute solche Prozesse überhaupt nachvollziehen können. Also was für mich z. B. solche Momente sind, wo ich mich wirklich freue, das ist, wenn der Nicola, mein gegenwärtiger Hauptdarsteller, der dieses Kaff Palma di Monte Chiaro in Sizilien noch nie verlassen hat, also wenn jemand, dessen sozialer Hintergrund und Dialekt primitiver in Europa nicht auffindbar ist, anfängt, seine Wünsche

Dreharbeiten: *Palermo oder Wolfsburg*

stärker werden zu lassen als seine Befangenheit, und ganz einfach frech wird. Das heißt, er legt dieses hehre Gewand ewiger Unterdrückung momentweise ab und benimmt sich schlecht, im Sinne von gut. Da bekomme ich Kraft zurück.

Zur Abwechslung jetzt die Illustriertenfrage nach den »Schlüsselerlebnissen«.
Ich glaube bestimmt, daß ich ohne zu ahnen, woran es lag und was mit mir passierte, nach der großmütterlichen halbpolnischen Erziehung in der Schule immer verkloppt wurde von meinen Mitschülern, weil ich eine andere Lebensauffassung vertrat, und zwar stumm und unaggressiv. Ich bin eigentlich vom 7. bis zum 14. Lebensjahr täglich verkloppt worden in der Schule. Ich hab mich auch nie dagegen gewehrt, es hat mich bloß traurig gemacht, weil ich nicht begriffen hab, worum es denn eigentlich da nun geht. Das ging soweit, daß die mir Kaffeekannen voller Pisse über den Kopf ausgeleert haben und solche Sachen. Ich hab aber dann trotzdem Freundschaften geschlossen wie z. B. mit einem Schüler aus 'ner Klasse zwei, drei Jahre über mir, der war 15, und ich war 12. Und der fuhr mich dann auf seinem Fahrrad nach Hause, und hat mir den Film erzählt mit der Diana Doors, »Umfange mich, Nacht«, den hat er im Fernsehen gesehn. Und den mochte ich sehr gerne, und von dem hat man dann später gehört, daß er sich erhängt hat auf dem Boden, und dann hat ihn die Familie ein Vierteljahr später erst gefunden, als verweste Leiche.
Nachdem ich in dieser Zeit auch einige Krankheiten durchmachte, die sicher daher kamen, daß ich mich völlig außerhalb dieser Art von Verhalten befunden habe, ohne daß ich irgend jemand dafür schuldig gemacht habe, oder gehaßt oder auch bewundert, und also eben nicht so ein' Sado-Masochismus kultiviert hab, sondern ich hab einfach fassungslos meiner permanenten Beleidigung und Beschimpfung gegenüber gestanden, also dadurch hab ich eigentlich hinterher erst gemerkt, daß ich Ich bin. Und dann hab ich mit 15 so eine intellektuelle Position übernommen in der Schule, und dann haben alle vor mir gezittert und gebebt. Und dann wurde ich hoch verehrt und mit Bierchen und Zigaretten bedacht. Also wenn das nun kein Schlaglicht auf unsere Gesellschaft wirft, dann gibts ja wohl nichts.
Dann als ich meinen italienischen Freund, den Walter, kennenlernte, der aus Sizilien kam und Kellner am Gardasee war, das war sicher ein Schlüsselerlebnis. Als wahnsinnige, unschuldige Liebschaft, 1963 war das, ist ja auch schon ewig her. Dann, die Mutter, das war sicher auch ein Schlüsselerlebnis. Wo schlüsseln wir dann weiter? Dann die Rosa[3], sicher ...

ganz bestimmt, ja. Aber als Erlebnis eigentlich damals, als wir uns kennenlernten auf dem Festival von Knokke im Dezember 1967 bis Mai 68, so fünf Monate, war das ein Schlüsselerlebnis. Da lernten wir uns auch kennen, du mit dem ungarischen Salami und Holger Meins auf dem Klo mit dem gestohlenen Pullover aus meinem Koffer, und ich mit der Sektflasche und dem erotischen Wunder, dem Thomas aus der Schweiz, den muß man loben, schon wegen seinem starken Körpergeruch. Unterm Regenschirm lagen wir im Bett, entgegen sämtlichem südlichem Aberglauben. Das war die Zeit, wo man mich nur als Punk verstanden hat, wo wir den Film gemacht haben »Allen Jones oder der Regenbogen«[4]. Das waren alles Zeiten, die dann in die Krisen reinführten, wobei die künstlerischen Qualitäten der Rosa bei weitem ihre menschlichen übersteigen. Ich find die Rosa wirklich toll, auch wenn es inzwischen wie Masochismus klingt[5], weil manche Sachen, wie z. B. diesen »Vierundzwanzigsten Stock«; das hab ich wirklich verdutzt mit großem Genuß gesehen.
Die Rosa hat garantiert irgendwie so panikartige Ausfälle über ihre Zukunft, ohne daß sie sich darüber im klaren ist. Also daß er versucht, das Spiel weiter zu treiben, ohne die Inhalte zu ändern. Und irgendwo nutzt sich das ja alles ab, ich meine alles. Kuck mal, die Rosa ist jetzt so 36 oder 37, und der war immer sehr schön. Ich find den wirklich einen schönen Menschen, ich find, der ist immer noch ein schöner Mensch.
Ebenso wie man in den 60er Jahren zu Recht geglaubt hat, daß der 16 mm Film, dadurch, daß er vielen Leuten Möglichkeiten zum Ausdruck gibt, wenn man bloß Verleih und Vorführmechanismen verbessert und erleichtert, ein absolut korrektes künstlerisches Mitteilungsmedium darstellt. Bloß hat sich das nicht durchsetzen können, weil es diese Ideologie nicht gibt, im kommerziellen Betrieb, daß jemand handwerklich gut damit umgehen kann. Es ist lediglich so, daß ab einem gewissen Zeitpunkt in den sechziger Jahren, wie es sich bei den Aktivitäten der ursprünglichen Hamburger Filmschau 1968 auch gezeigt hat, es da ein Reservoir gab, von unglaublichen Sachen, die die Leute mit ihren 16 mm Bolex gemacht haben und die man auf großen Leinwänden in St. Pauli-Kinos vorführen konnte. Das war ja wirklich eine Eröffnung, die auch der psycho-politischen Eröffnung der Zeit entsprach.

Heute ist es ein Altruismus, in 16 mm zu drehn, wenn man die Möglichkeit hat, in 35 mm zu drehn, weil man weiß, daß eine 16 mm Kopie genauso teuer ist wie eine 35er, bloß daß die nach zwei Vorführungen kaputtgemetzelt wird. Na kurz und gut, also genauso, ich seh bei der Rosa so einen vergeblichen Kampf, nicht gegen die cervantischen Windmühlen, sondern gegen den Alterungsprozeß generell. Auf der einen Seite steht das, was er als Lebenswunsch versteht, nämlich harmonische Beziehungen zu andern Personen zu haben, zumal zu jemandem, den er lieben kann, und der ihn eventuell lieben könnte; auf der andern ist er sich aber bewußt, daß das, was er als Liebe erfährt, so an der Äußerlichkeit hängt, daß er natürlich bei jedem Blick in den Spiegel, im die Weihnachtszeit herum jedes Jahr erneut sieht, daß er gleichzeitig eine Oberfläche verteidigt. Denn er wüßte auch nicht, warum er jemanden lieben sollte, der schrumplig aussieht, bis jetzt hat er das auch nicht gefunden. Na kurz und gut, das war jedenfalls auch ein Schlüsselerlebnis.
Die Callas war eins der wichtigsten Schlüsselergebnisse überhaupt, die erste Lektüre vom »Nacked Lunch« vom Borroughs, und das Kennenlernen von der Magdalena[6]. Aber nicht das Kennenlernen, denn das fand schon viel früher statt, mit dem Living Theatre 1964 oder 65; Schlüsselerlebnis war, als Magdalena sich domestizieren ließ, durch die Mutter und mich, das war 1967/68 der Fall. Ich hab immer für die Magdalena einen ganz großen Respekt gehabt, als Person.

Bei deinen Filmen, und ich kenn jetzt eigentlich fast alle, kann man zunächst so eine Suche nach einer weiblichen Person als Medium feststellen, ich denk jetzt an Heidi Lorenzo, deren Funktion nachher dann von der Carla Aulaulu gleichzeitig mit der Magdalena übernommen wird, wobei letztere eigentlich erst ab EIKA KATAPPA, *zum Hauptträger dieser Position wird. In der Arbeit mit der Magdalena kann man wohl grob bisher drei Phasen sehn, nämlich der Anfang wie in* ARGILA *und* NEURASIA, *wo die Magdalena zunächst das auffängt, was die Carla macht und in eher abwartender Haltung in Liebe auf dich zugeht; dann so eine Periode, wo sie zu so einer vollstilisierten Tante wurde, wo kein Mensch in unserem damaligen Kreis mehr fähig war, die Magdalena als die Person zu sehen und sehen zu wollen, die sie eigentlich war, und eine Persönlichkeit war sie ja immer, sondern als Fantasia von Herrn Schroeter. Und es ging so weit, daß auch, wenn du nicht da warst, so eine ganze Umgebung sich weigerte, sich mit der Person auseinanderzusetzen, sondern sich ausschließlich mit deinem Projektionsbild befaßte, das allerdings sehr stark auch von der Magdalena ausgefüllt wurde. Und dann als dritte Phase diejenige ihrer Emanzipation von dir und diesem Bild. Was dann bei* FLOCON D'OR *schon sehr deutlich erkennbar ist. Und da kann man nur gespannt sein auf deinen nächsten »Frauenfilm« mit der Lene in der Hauptrolle. Mich interessiert dieser »Geschlechterkampf« aus persönlichen Motiven, nicht weil irgend eine Beziehung vergleichbar wäre, aber weil ich mit der Ingrid ja auch einen gewissen gegenseitigen Entwicklungsprozeß gemacht habe.*

Ja, ich erinnere mich, das fing an, als du hinterrücks mit der Ingrid gebumst hast, auf Fassbinders Hochzeitsreise oder was. Na stell mal noch 'ne Frage, daß man die Sache dem Höhepunkt entgegentreiben kann.

Glaubst du, daß du viele Leute gestört hast? Daß jetzt im Zusammenhang mit der Zeit, so um 1970, wo du möglicherweise weniger gearbeitet hast, aber sehr stark permanent Irritation nach außen hin geliefert hast, wo immer du auftratst, seis als Rohrbach-Sisters, seis als der Mörder Schullermann oder als Baron Puppi, oder als Frau Senatorin Burda?

Das fand ich auch die absolut befriedigendste Zeit.

Mich hat das viel mehr interessiert und fasziniert, als alle deine Filme.

Mich auch. Der geniale Clochard, das ist doch immer das Reinste, wie eine Figur aus einem Renoir-Film. Das war auch die glücklichste Zeit meines Lebens, das war so total unbefangen im Irrsinn. Wie ein Joker oder 'ne Kasper-Figur. Das fand ich auch sehr schön, aber das ist nun auch vorbei. Clown und Kasper ist aber für mich ein Kompliment, das sind so Träger von Sachen, die andere Leute nicht zu sagen oder auszuleben wagen. Daß ich da einige Leute gestört habe, kann ich nur hoffen.

Der Marcel Duchamp hat doch von einem Tag zum andern aufgehört zu malen, relativ früh, und er hat gesagt, das hätte sich nicht um eine Entscheidung gehandelt, sondern es hätte sich einfach so ergeben durch ein plötzlich ganz einfach nicht mehr vorhandenes Interesse und »lack of attraction«. Kannst du dir das für dich vorstellen in bezug aufs Filmemachen?

Das glaub ich nicht, aus dem Grunde, weil der Film als solcher, als Medium, eh das Langweiligste ist, was es gibt. Ich würde zum Beispiel bestimmt nur noch sehr unfreiwillig Filme machen, mit der Vorstellung eine Rita Hayworth oder irgend sowas zu beschäftigen. Eher so einen Niccola Zabo[7] aus dem letzten Schlammloch des Sottofondo, wo jede Reaktion für mich genauso abenteuerlich ist wie die Reaktion, die ich für den habe ... Im Sinne von einer Erfahrung von neuer Realität würde ich das in dem Zusammenhang, nach dem die kindliche Spielerei mit Leuten, die eigentlich genauso intelligent wie ich sind und demselben Gesellschaftssystem entsprechen wie ich und genauso funktionieren wie ich, vorbei ist, aus Altersgründen, find ich sowas schöner. Vor allem find ich die Leute da aus Sizilien viel professioneller als alle Darsteller. Ich find den eigentlichen menschlichen Ausdruck und wie er sich kinomäßig entwickeln kann, etwas, das mich nie langweilen würde, wahrscheinlich. Außer Palma di Monte Chiaro gibts ja noch mehr Löcher auf der Welt, wo die Leute noch etwas mehr Freiheit entwickeln, einfach weil sie's nicht anders gelernt haben. Wo man mit der Gabel ißt, als wenns 'ne Schaufel wäre, und wo sich kein Mensch schämt darüber, wie er ist, und wenns heißt, der oder der ist ja gestern in den Knast für 14 Jahre, das wird genauso begeistert aufgenommen, wie »Die Großmutter ist gestorben«, oder: »Morgen heirate ich«, also wo man selber noch etwas Neues erfährt, also einem durch den eigenen Erziehungs-,Traditions- und Erfahrungsbereich verstellte Sachen in die eigene Fantasiewelt zu übertragen. Insofern langweilt es mich nicht, weil da ein permanenter Verständigungsprozeß stattfindet. Wenn ich jedoch weiter so Filme machen würde wie MALIBRAN und WILLOW SPRINGS und SALOME etc., da würde ich allerdings gleich zu einer Entscheidung kommen, wie ich sie schon 1973 traf, daß ich mir nämlich als überalterter Künstler vorkomme. Also so ein heimisch-heimliches Gefühl im Wahnsinn, das ich da in dieser kreativen ästhetischen Chaossituation hatte. Jetzt setz ich mich dem wirklichen Chaos aus, und lerne dabei selber Sachen kennen und lerne dabei mich selber anders in Distanz zu setzen. Der Irrwitz, zu glauben, daß Ausdruck sich systematisieren läßt, ist so dumm. Wenn ich mir vorstelle, ich hätte sieben Filme mit Ingrid Bergmann gemacht, dann hätte ich entweder aus Ingrid Bergmann eine Knusperhexe gemacht oder ein' Zwerg oder ein' Kinderstar mit 70 oder sowas, aber ich hätt doch nicht ertragen, diese langweilige Visage Jahrhunderte vor mir herzuschleppen und jeden Tag um 10 frisch anzufangen: »Huhu Ingrid, heut mal wieder ne tolle Szene drauf.« Also aus diesem Ambiente könnte ich mich nie nähren. Es muß schon kurios sein, wie jemand ist. Wenn ichs einmal rausgebracht hab, interessiert mich die Person auch nicht mehr. Mit Magdalena ist dieser Prozeß ja nie eingetreten. Die ist für mich genauso rätselhaft wie zu Beginn, weil sie selber sich jeden Tag auch neu erfindet und versucht zu erhalten. Bei fast allen andern Leuten, die glauben, daß sie dadurch, daß sie einmal einen Pups haben laufen lassen in strahlendem Scheinwerferlicht, nun als Respektsperson zu behandeln seien, das ist zuviel des Guten. Also: wenn das Kino als Trivialkunst sich auch selber von den Trägern dieser Kunst her als trivial versteht, dann interessierts mich überhaupt nicht. Es muß was Kostbares haben. Mit einer Mitchell 35 mm Breitwandkamera in das letzte Scheißklo reinsteigen, und da von Darstellern, die nicht wissen, was überhaupt Kino ist oder ein Fernsehen, die perfektesten Dialoge improvisieren lassen, mit der raffiniertesten Lichtwirkung, ein Glück, was sonst nur Frau Ava Gardner oder Frau Taylor angedeiht ... also da sieht man dann, daß die Leute viel toller sind, also für den, der nicht verblödet ist. Ich find, die sind definitiv viel tollere Stars.

Das ist aber für die Gesellschaft und ihr Postulat von Rollenverhalten antisozial.

In dem Sinne sicher, vor allem gegen die Schauspielergewerkschaften. Alles ehrsam Erlerntes mit rollendem Blick, schief senkend im Moment, wo die Kamera von rechts einfällt. Ich hab wirklich noch nie so unbefangene Darsteller gehabt. Überhaupt nicht befangen, in der Aufnahme, und je größer die Kamera, umso vergnügter sind sie, weil sie sich umso wichtiger vorkommen. Es war sogar so jetzt in Sizilien, daß die Leute schon frivol wurden, im Hinblick auf die Kamera.
Also aus diesem Grunde würde ich die Kunst nicht aufgeben, solange es noch für mich Interessenmöglichkeiten gibt, daß ich mit meiner Fantasiewelt irgendwie versuche zu verstehen, was

Menschen sind. Im Grunde genommen suche ich Freunde mit meiner Arbeit. Das ist wirklich alles.

Etwas vor sich hinmurmelnd und hoffend, daß zurückgemurmelt wird?

Sanftes Säuseln im Wind.

Somit sind künstlerische Prozesse wohl eher in Funktion zu sehen zur Art und Weise, wie ein Beruf ausgeübt wird?

Handwerk. Ich hab das mal verglichen mit einem Eisläufer oder einer Hausfrau, die ununterbrochen Kuchen bäckt, bis der Herd platzt, oder so irgendwas, also wo ich auf so Handwerk hingewiesen hatte. Ich hab mich immer verglichen mit jemand wie 'nem Handwerker, und nicht anders fühl ich mich auch. Ich hab mir eben die Möglichkeit erschuftet, oder hab durch ein Privileg den Einstieg dazu gefunden, daß ich einen handwerklichen Beruf, im alten Sinn des Worts, ausführen kann, und keinen industrialisierten. Deswegen fand ich das auch so schön an der Carla übrigens, daß die kapiert hatte, daß jeder Moment im Leben gleichen Wert hat. Also wenn man kocht, muß man sich soviel Mühe geben, wie wenn man scheißt oder Filme dreht, oder singt oder was. Deswegen, wenn ich koche, koch ich sehr gut, mir macht das auch genausoviel Spaß wie einen Film zu machen, sogar mehr. Deswegen koche ich auch international. Ich hab schon in Los Angeles Wirsing-Durcheinander gekocht nach Hausfrauenart, unter größten Opfern aus den Supermärkten besorgt und irgendwelchen Spezialhandlungen, um den echten Wirsing-Durcheinander deutscher Art einer staunenden Runde amerikanischer Tanten vorzustellen. Weil es mir einfach Spaß macht, darum würde ich nie eine Konzession machen, im Kochen. Dann koch ich eben nicht. Ich finde, das gehört zu jedem Handwerk dazu, daß ein Kompromiß in der Substanz nicht möglich ist. Genauso wie im Verhalten zu Menschen und Zuneigungen, da sind Kompromisse auch nicht möglich. Du kannst erst behaupten, du liebst jemanden, wenn du ihn kompromißlos liebst. Um dazu sicher zu sein, gehört schon was. Mir ist das höchstens zweimal in meinem Leben vorgekommen.

Eine besondere Freude bei der Vorführung deiner alten Filme ist ja immer wieder die Begegnung mit Carla auf der Leinwand.

Denn abgesehen von der Kenntnisnahme als einer sehr eigenwilligen Person, die damals so ziemlich alles scheußlich fand, was um sie herum vorging, uns alle eingeschlossen, so strahlte sie im Film etwas sehr Seltenes aus, nämlich Humor.

Ja, totalen Humor, absurden Humor und zwar nicht tschechischer Art. Das hat die Callas auch gehabt, in den wenigen Gesprächen, die ich mit ihr hatte. Totalen Humor. Die Carla hab ich sehr gern gemocht, auch nach dem verfehlten Mordanschlag auf mich. Für mich war die Carla so wie eins von den Kindern auf dem Breughelbild. In der Renaissance und im Barock haben die die Kinder ja immer gemalt wie Erwachsene, mit Erwachsenenkleidern, so daß die Kinder mit Gesichtern von 13jährigen als alte Omas angezogen waren. Und so kommt mir die Carla vor, wie 'ne dreijährige Oma. Aber ich glaub, daß die Carla ihren Humor verloren hat dadurch, daß sie ein soziales Konzept von jemanden übernommen hat, der total unglücklich ist. Also Menschheitsverbesserung im Schrank oder was. Zum letzten Mal bewußt hab ich die Carla 1972 gesehn auf der Hamburger Filmschau in dem Meisterwerk *Sabrina Keitel* unter dem Namen Carla Egerer. Und dann weiß ich, daß sie versucht hat, die Magdalena zu bekehren zu einem normaleren Leben. In die Wohngemeinschaft, in den Schrank aufzunehmen. Die Carla war mir aber zutiefst sympathisch, auch wenn sie sehr schwierig war. Weil: sie war wirklich jemand mit 'ner eigenen Kreativität, ausgestattet mit einem verzweifelten Humor. Vielleicht war ihr der Humor auf die Dauer zu verzweifelt, weil sie nichts davon hatte, wenn sie allein des nachts nachdachte.

Es gibt ja entgegen sämtlichen ideologischen, psychologischen und sonstigen Bemühungen nicht so etwas wie eine Syntax von Rezeption. Wir leben alle in einer Welt, überschwemmt von Bildern und Tönen, wo wir beim Überprüfungsprozeß von Identifikationsmöglichkeiten kaum mehr fähig sind, Prioritäten in bezug auf unsere eigene Identität auszuwählen. Begegnungen mit Inhalten sind wahrscheinlich kaum rational nachzuweisen, sondern eher Kurzmomente, also blitzartige Begegnungen, und wenn man die im Kino z. B. zwei, dreimal hat, ermöglicht das einem, ein positives Verhältnis zum Gesamten herzustellen. Und dann geht man eben raus, und es »hat einem gefallen«. Kultur ist das, was bleibt, wenn man alles vergessen hat. Was

macht man also, wenn man in einem 4-Tage-Marathon sitzt und 20 Filme in 16, 35 und 8 mm vor einem abrollen?
Was bleibt denn da, abgesehen von einer notgedrungenen Verdusselung? Für mich ist in seiner Geschlossenheit als Ganzes WILLOW SPRINGS, *dann die Vater-Sohn-Szene in Neapel in* EIKA KATAPPA, *das ist wirklich toll, dann »D'Espagna vengo, soy Espagnola« mit Carla, der Avignonteil von* FLOCON D'OR, MALIBRAN *natürlich, die Szenen auf dem Eis »Connais-tu le pays?« und »Der Weg nach Halberstadt mit Magdalena und Christine«, das kommt immer wieder. Ja und du in dem 8 mm Film, wo du turnst unter der Lampe. Dies alles als Erstes, als Eindrücke ganz ohne Anstrengung. Wie ist das für dich unter diesem Aspekt?*

Auf einen Sitz, was mir am Besten gefällt ist PAULA ICH KOMME WIEDER in der 8 mm Fassung, nicht in dem, was da verkehrt aufgeblasen worden ist vor Jahr und Tag. NEURASIA, MALIBRAN, der kubanische Teil von dem FLOCON D'OR und bei der Theaterarbeit die »Miss Sara Sampson« in Kassel und das »Käthchen von Heilbronn«. Aber es ist völlig wurst, was ich gut finde, da ich mich mit diesem Zeug, entgegen meinen früheren Gepflogenheiten, als ich mein täglich Brot damit verdiente, mit den Filmen rumzufahren, nicht mehr auseinandersetze und seit 4 Jahren von meinem Krempel überhaupt nichts mehr sehe. Den Neapel-Film sehe ich als Ansatz für etwas, weil ich versuche, so ein anderes Abenteuer zu erleben. Was sich jetzt eigentlich geklärt hat, ist, daß ich bei meinem jetzigen Film kompromißloser bin, als im REGNO DI NAPOLI. Weil ich auch das besser verstehe, was ich tue, in bezug auf das Thema. Ich hab im Neapel-Film Dialektfehler im Dialog zugelassen, was mich sehr stört. Da werden sieben Arten von neapolitanischem Dialekt gesprochen, die für den Zuschauer, der die Sprache versteht, soziale Leuchtzeichen geben, und dabei aber völlig verkehrt eingesetzt sind, weil ich nicht darauf geachtet habe, wer was spricht. Das ist, was ich an dem Film am Beschissensten finde. Und das ist im neuen Film nicht der Fall, hier gibt es das hintertupfingerischste Palmesisch aus Sizilien, und das wird so gesprochen, wies ist, so daß es seine Poesie erhält. Im Neapelfilm lag es auch am Mangel der Zeit, daß ich mit Schauspielern gearbeitet habe, die so halbprofessionell sind, und Professionellen und ganz Unprofessionellen, d. h. daß der Dialekt von manchen theatralisch eingesetzt war, von andern als Lebensausdruck, von Dritten wiederum als Versuch von Dramatisierung. Diese Sachen habe ich nun völlig vermieden; nachdem ich die dicke Mitchell-Kamera hab, brauch ich keine Elisabeth Taylor mehr. Die kann nur dem Volke dienen, die Mitchell-Kamera, und nicht dem Staat, dazu ist sie zu schwer, daß sie für eine Person aufgebaut wird.

Ich bin jemand, der jeder Ästhetik gewachsen ist, Hauptsache, sie ist radikal. Und ich find, in einem Land wie Deutschland ist eine radikale Ästhetik gar nicht mehr drinne, vom Gedanken her. Das muß man ja aufsetzen. Das Radikale mußt du ja in Deutschland künstlich aufsetzen, wie unsere Terroristen. Die Situation gibt ja gar keinen Anlaß mehr dazu, es ist ja alles eingeschlafen endgültig im Rausch des Geldes und der Kleinbürgerlichkeit. Den Leuten gehts ja wirklich allen zu gut, und deshalb bereiten sie sich innerlich bereits auf einen neuen Krieg vor.

Genauso wie ich glaube, daß der Erfolg des *Holocaust* hier in Deutschland (was von vornherein eine fragwürdige Scheiße ist, ich hab davon ein Stück gesehen, das ist ja das Letzte an verlogenem Melodram) daher kommt, weil es an eine großartige Vergangenheit erinnert, weil die Leute das großartig finden, letzten Endes, vor allem in der Hoffnung, daß wieder endlich was los ist. Sie suchen sich halt die nächsten Opfer. Der Kleinbürger sucht in sich selbst erstmal das Opfer. Deswegen fängt er dann an zu saufen und Auto zu rasen und, ja die Bergsteigerei ist für mich auch so eine kleinbürgerliche Qualität. Sowas äußerliches, immer weiter nach oben. Ich setz mich ins Flugzeug und flieg 1000 Meter höher.

Herr Schroeter, gibt es abschließend eine Frage, die Sie sich selbst stellen würden?

Ich muß immer wieder daran denken, was ich neulich in Palma gedacht habe. Wo ich doch so eifersüchtig bin. Als Mensch, weil wenn ich arbeite, entgeht mir natürlich immer das Leben irgendwo. Und dann überfordere ich mich immer wahnsinnig, wie jetzt auch wieder, daß ich seit Tagen nichts Ordentliches gegessen habe und nie schlafe. Und dann wach ich manchmal morgens auf, und da geht es mir so wahnsinnig schlecht, und dann fühl ich mich so total distaccato, so abgerissen von allem, als hätt ich mit nichts irgendwas zu tun, ditached oder wie das heißt, und dann sag ich mir, im Grunde genommen weiß ich ja, wos herkommt: Ich sauf zu viel, ich rauch zu viel, ich arbeite zu viel, ich esse zu wenig, ich bin viel zu sehr verliebt in den Exzess als solchen, und jetzt gehts mir halt doppelt schlecht, und ich kann das aber auch nicht in mir kritisieren, da ichs an andern Leuten liebe, wenn sie exzessiv sind, und dann fühl ich mich so allein, weil alle Leute faul sind, die schlafen vor sich hin und dusseln vor sich hin, und dann gibt es so einen Moment, daß ich mir sage, daß man, wenn man so wie ich versucht, jeden Tag so total auszuleben, im Grunde genommen das alles nur realistisch als Sicht ist, mit diesem Staccato-Gefühl, denn wenn man stirbt, ist es am Schönsten, wenn man sich dann soweit isoliert fühlt, daß man keine Angst mehr vom Tod hat, was zu verlieren. Das ist aber nicht eine Art von Härte, die man entwickelt, sondern daß man ruhiger wird, glaub ich, auch wenns einem mitunter schlecht geht. Also wenn ich mir vorstell, daß ich sterben kann, das kann ja morgen sein, oder in einem halben Jahr oder auch in drei Minuten, »Wie man so weiß, wie's nun mal so ist, bedauerlich wie überall, ist jeder eigne Todesfall«, laut Wilhelm Busch; und wenn ich mich dann so wütend fühl und so vor mich hindenke, dann sage ich mir, daß ich mich tatsächlich etwas anders fühle als die meisten Leute, d. h. dann sterb ich auch leichter. Und das find ich ganz wichtig, daß die Leute sich damit auseinandersetzen, was der Tod ist. Und daß, wenn man stirbt, man nicht mit dem berühmten »Spiegel«-Artikel-artigen Verzweiflungsschrei endet, sondern mit dem der Sache angemessenen Aufschrei, und damit hat es sich. Also ich find, das ist das Wichtigste überhaupt, daß man irgendwie versucht, daß wenn man stirbt, das auch akzeptiert, irgendwann. Daß man versucht, sich vorstellen zu können, ohne Angst und Schreck, daß man stirbt. Überhaupt der Versuch wird in unserer Gesellschaft als obszön bestraft. Eher kannst du drei Leute zu Tode ficken, das wird als ehrenhaft und wunderbar gesehen, als überhaupt jemand zu finden, der sich vorstellt, akzeptieren zu können, er stirbt. Deshalb werden auch Selbstmorde so geahndet als wenn es Hundehaufen auf Picasso-Gemälden wären.

Ich glaub, der Schopenhauer sagte, daß Selbstmorde nicht einer negativen Lebenshaltung zugrunde liegen. Das sind nicht Ak-

tionen gegen das Leben, sondern gegen die Form des Lebens, also im Grunde lebensbejahend.

Selbstmord ist überhaupt nicht lebensfeindlich, sondern das ist ja ein aktiver Prozeß. Da ich aber in diesem Moment noch nicht lebensbejahend genug bin, und deswegen morgen meine Arbeit wieder aufnehmen muß, deswegen will ich jetzt schlafen, weils mir wirklich beschissen geht vor Müdigkeit und ich keine Lust habe, daß dieses Buch ein Albdruck wird; sondern dies Interview kann höchstens Ausdruck geben davon, daß mein zeitweiliger Abschied von Deutschland zu schwerster Arbeit geführt hat, wie der geneigte Leser sicher feststellen wird, auch wenn ich danach zum »Lohengrin« zurückkehre, aufgrund eines älteren Vertrages, unfreiwillig, hoffentlich aber gekonnt.

1 Schroeters erste Inszenierung einer Wagner-Oper, s. Daten S. 203
2 Drehort des geplanten Films WOLFSBURG-PALERMO (Arbeitstitel)
3 Rosa von Praunheim (u. a. *Armee der Liebenden,* 1979)
4 Gemeinsam mit Rosa von Praunheim und Daniel Schmid für den SFB; nicht gesendet, verschollen
5 Nachdem Rosa von Praunheim in einem Artikel der »Filmkritik« (2/79) Schroeters REGNO DI NAPOLI heftig kritisiert hat
6 Magdalena Montezuma (Künstlername), eine der Hauptdarstellerinnen in vielen Filmen Schroeters
7 Sizilianischer Hauptdarsteller in WOLFSBURG-PALERMO

Dreharbeiten: *Palermo oder Wolfsburg*

Kommentierte Filmografie

Von Sebastian Feldmann

8 mm-Filme. 1967/68

Vor 1968, während und nach den Callas-Filmen in Normal-Acht-Format hatte Werner Schroeter etwa ein Dutzend Normal-Acht-Filme gedreht, Etüden, die Schroeter – international noch unberühmt – zu seiner Retrospektive in Recklinghausen und Bochum 1971 zumeist nicht zugelassen hatte, die er dann offenbar aus Nachlässigkeit oder mangelndem Interesse nicht nur nicht vernichtet, sondern sogar, in einem Gefühl der Wurschtigkeit, dem Münchner Filmmuseum vermacht hat. Es sind dies unbearbeitete Übungen mit Kamera und Schauspielern, welche die Möglichkeiten von Personen- und Bild-Arrangements erkunden, sich in Cadrage versuchen und darüber hinaus teilweise durchaus tagebuchähnlich und in Bohème-Laune film- und andere -künstlerische Umwelt sowie den Filmmacher selbst aufzeichnen. Obwohl diese Filmchen (zumeist eine Rolle Normal-Acht-Material, ungeschnitten, ohne Ton) nur Werkstückcharakter haben, darf man sich über den Zufall, der sie uns überlieferte, freuen; selten genug erlauben Filmmacher es denen, die mit ihrer Arbeit historisch umzugehen haben, Einblicke in die Prozesse, in die kreativen Arbeitsvorbereitungen sozusagen, die den Anfangs des Wegs eines Filmmachers wie Schroeter vom Amateurismus zu internationalem Range dokumentieren. Wir konnten sie erstmalig besichtigen; die Callas-Filme waren ja größtenteils schon bekannt.
Die folgenden Notizen versuchen eine Einordnung der Normal-Acht-Filme, in logischer, nicht immer chronologischer Reihenfolge. Die Filme »ohne Titel«, vorgeführt aus dem Karton, wie sie da lagen, sind chronologisch schwer fixierbar; wir halten uns an die nun einmal aufgemalten Projektions-Reihenfolge-Nummern, wiewohl die Nummernfolge mitunter in sich widersprüchlich erscheint.

I. Amateurismus

VERONA. Vermutlich seine erste Arbeit. Urlaubsfilm aus Oberitalien und dem Tessin, der schon bewußt Bilder selektiert: pompöse Heiligenstatuen auf Palästen, von unten gesehen; Schroeters Interesse gilt zunächst mehr der Architektur (Verona; San Marco, Venedig; dem Dom in Mailand) als Lebendigem. Seine Mutter, mit der er dem Vernehmen nach diese Reise unternahm, kommt nicht hervorgehoben ins Bild. Tierbilder plötzlich, Katzen, ein Insekt erscheint, das eine Gottesanbeterin sein oder bedeuten könnte (mantis religiosa, eine räuberische Fangheuschrecke, der die Vertilgung des männlichen Partners nach dem Geschlechtsakt nachgesagt wird); Bergdörfer im Tessin bilden dann mit ihren Bruchsteinhäusern Kontrast zum Prunk der historischen Großstädte des Beginns. Als ausgesprochener Amateurfilm bricht er unvermittelt ab, doch liefern seine Topoi schon Hinweise auf Schroeters Themenarsenal. Im Ansatz (Kultur, Italianità, Getier als außerkulturelle, alternative Bestialität) mag hier schon als eine Spiegelung kommenden Problem-Angriffs zu ahnen sein. – Mit dem apokryphen Film ZWEI KATZEN (erwähnt im »Spiegel«, 2. 11. 1969) könnte VERONA unter Umständen identisch sein – gibt es da doch Katzen, die in der Folge der Schroeter-Filme nicht mehr enigmatisch erscheinen; ist doch Schroeters Mimikri um seine eigene Person immer so phantasievoll, daß man ihm die Umtitelung zutrauen mag; findet sich doch in der Werkstatt-Serie der 8 mm-Filme kein anderer Film, auf den ein Titel wie jener zutreffen kann (allenfalls MONA LISA).

II. Maria Meneghini-Callas

Die Callas-Filme sind schon bewußt montierte, kalkuliert meist mit Ton(band) unterlegte Arbeiten. Es sind insgesamt Zeugnisse der hoffnungslosen, obsessiven Liebe des Filmmachers zum Idol. Im Wissen, daß der Adoration der unerreichbaren »Casta Diva« keine Aussicht auf Antwort zukommt, weil die Angebetete durch die Kluft des Erfolgs in den Medien himmelhoch vom Verehrer entfernt ist, zieht Schroeter die entschlossene Konsequenz, sein Leiden im Medium – im

8 mm-Film – zu artikulieren. (Kurz vor ihrem Tod hat Schroeter die Callas in Paris noch kennenlernen können – ein Treffen, das bei ihm gewiß nicht ohne Wehmut, ohne das Gefühl, die Begegnung sei um ein Jahrzehnt zu spät gekommen, verlaufen sein mag.) Die Callas war für Schroeter der erste Inhalts-Fixpunkt eigener künstlerischer Arbeit; mit einigem Recht darf man annehmen, daß ohne seine Callas-Verehrung Schroeters filmische Arbeit andere und unsicherere Wege angenommen hätte. Gerade diese große, peinigende Leidenschaft war Anlaß für Schroeter, sie in immerhin sechs filmischen Varianten und Variationen zu stilisieren und zu verarbeiten – und dabei zugleich sich der Möglichkeiten von Kamera und Montage zu versichern. Es quält bei diesen inständigen, wiederholungssüchtigen Arbeiten der schmerzliche, mitunter geradezu masochistische Affekt.

CALLAS WALKING LUCIA (Animationsfilm). Rhythmische Montage von Szenen-Bildern der Sängerin in der Rolle der »Lucia di Lammermoor« (Wahnsinnsszene; Donizetti), die durch die kurze filmische Schnittbewegung zu schreiten scheint. Etwas unvermittelt angehängt wirken danach Privatphotos und Illustriertenbilder der Callas, so als »Medea« (klaffender Mund, nach oben gespreizte Hände, »die Tigerin«). Der Animationsstil des Anfangs wird nicht durchgehalten.

Callas walking Lucia

CALLAS TEXT MIT DOPPELBELICHTUNG. Es handelt sich hier um eine Dreifachbelichtung: Bilder aus LUCIA (s. o.) und da Vincis »Mona Lisa« sind übereinanderbelichtet; zudem läuft übers Bild in schwarzer Papier-Ausschnitt-Aussparung, ruckweise vorantransportiert, ein hymnischer Pressebericht über die Callas als »Lucia« (siehe MARIA CALLAS PORTRÄT). Schroeter selbst erscheint später stumm schreiend mit weitgeöffnetem Mund, mit aufgesperrtem Auge, als Kommentator seiner Leidenschaft, in kurzen Zwischenschnitten.

MARIA CALLAS PORTRÄT. Absolute Votivbilder-Orgie mit Szenenphotos, Illustriertenbildern und Werbebildern der Callas in ihren Glanzrollen und auch privat, rhythmisch geschnitten zu Szenen aus Verdis »Ein Maskenball« und »Die Puritaner« von Bellini. In einer schnellen Schnittfolge versucht Schroeter, den Mord der Tosca an Scarpia (ähnlich wie bei LUCIA WALKING) zu animieren. Helligkeitsunterschiede – durch Filter vermutlich – weisen auf den Probier-Charakter der Arbeit hin. Musik-Sequenzen werden, wie eine Schallplatte, die sich automatisch immer wieder von selbst repetiert, sehr geschickt so montiert, daß sie nicht wahrnehmbar, eine Tonschleife bilden in leidenschaftlicher, ostinater Wiederholungslust. Der Lesetext aus einer »Lucia«-Opernkritik (bereits vorgeführt in CALLAS TEXT MIT DOPPELBELICHTUNG), gezeigt hinter vorantransportierter schwarzer Zeilen-Maske mit Aussparung, lautet: »Die Callas schwebt in einem wallenden, gefältelten weißen Gewand herein, ein Mensch, der dieser Welt schon entrückt ist. Sie bewegt sich wie eine Marionette, unnatürlich gespenstisch ihre abgezirkelten Bewegungen, wie vom Starrkrampf besessen und doch in den sensiblen Zuckungen der Finger, im Wiegen des geschmeidigen Körpers menschliches Leid ahnen lassend. ›Dolce suon‹ – gleich in den allerersten Tönen bebt eine abgrundtiefe wissende Trauer, ohne daß die Stimme je zum wirkungssicheren Geschluchze Zuflucht nähme. Sie steigert sich dann in die Kadenzen des Irreseins, in denen sie entpersönlicht mit der kühlen Flöte wetteifern muß, gleitet im Taumel mit reinstem Legato durch die Skalen, krönt die Szene des Zusammenbruchs mit einem hohen Es, das zugleich sängerisches Brillantstück und erschütternder Todesschrei ist.«
Die exponierte (zudem wiederholte), zum exakten Mitlesen zwingende Darbietung dieses Textes mittels Abdeckmasken

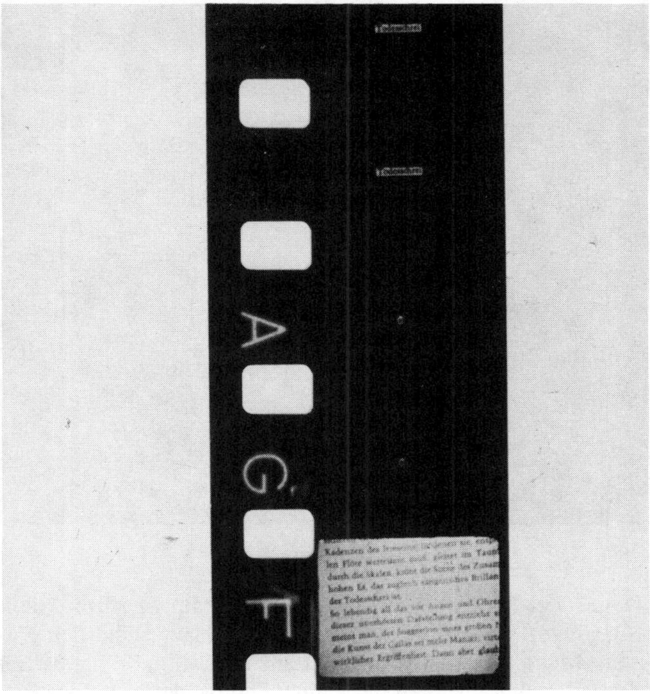

Callas Text mit Doppelbelichtung

legt nahe, daß Schroeter ihn, trotz des Feuilleton-Stils, für richtig und schlüssig hält – wiewohl Schroeter in der vielfach irritierenden Methode seines Films andere künstlerische Mittel als diese literarischen für angezeigt hält.
Ebenso zwiespältig wie Schroeters Liebe zum elitären Kult der Oper (der sich freilich in südlicheren Regionen durchaus nicht als elitär darstellt) erscheint hier die Adaptierung dieses Pressetextes. Schroeter, im oft höhnischen Verarbeiten des »Kulturschutts«, liegt es daran, ihn in seinen Filmen doch auch aufzubewahren.

MONA LISA. Mit nur drei Bildern kommt dieser Film aus: mit dem Callas-Photo der »Tigerin«; einem Werbephoto der Electrola mit der stummen Callas im Profil, und dazu der »Mona Lisa« des Lionardo. Ausschnittsvergrößerungen, die

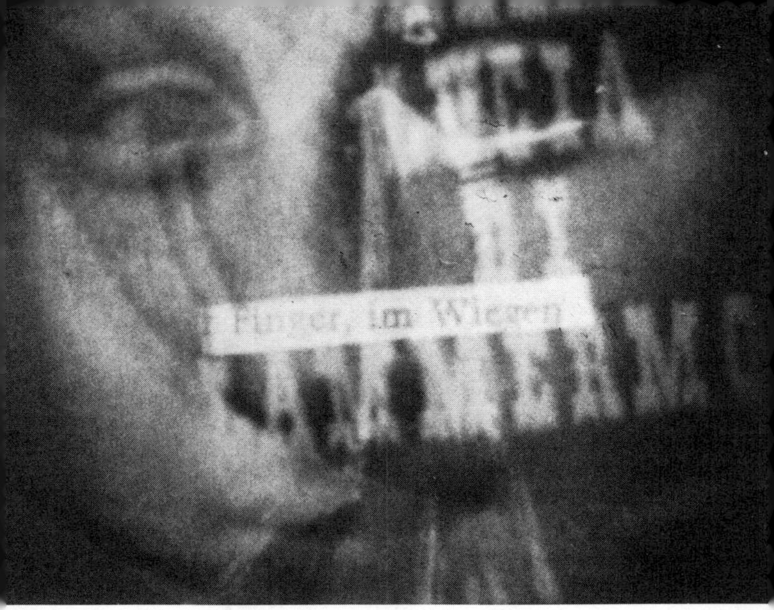

Mona Lisa

Details der Photos bis zur Unerkennbarkeit, zur Abstraktheit (Ohrringe) vergrößern, nähern bis auf Haut-Nähe den Kamera-Mann seinem Bild-Objekt an; ein süchtiges, haptisches Zugreifen will im Korn der Callas-Photos gleichsam das Pigment von Haut erhaschen – vergebens, die Vorlagen sind zu glatt.

Neu und durchaus sensationell an dieser Arbeit ist die im ersten Moment überaus heftig wirkende Arbeit mit dem Ton: Schroeter geht nicht nur so weit, die Callas mit sich selbst, um zwei Takte verschoben, Duett singen zu lassen (die Verdoppelung, Verdreifachung, Vervielfachung künstlerischer Existenz ist ein irritierendes Grundprinzip Schroeterscher Arbeit) – er vermengt hier unversehens hochbürgerliche mit ganz trivialer Kultur. Er erlaubt jetzt plötzlich erstmals ganz trotzig Caterina Valente den Eintritt in die nicht so sehr heiligen Hallen, die er selbst irritiert anbetet.

Cherubini – Verdi – Donizetti: und dann jäh asynchron in repetierenden Schleifen nur noch enervierende Valente-Gesangs-Fragmente, Texte wie »... die Liebe, die Hoffnung, das Glück« – »... drei Rosen« – »... zärtlich umkosen ...« (letzteres ein Fragment aus einem Johann-Strauß-Konzertwalzer). Um Bruchteile von Achtelnoten verfehlen diese sich endlos wiederholenden Tonschleifen bewußt einen glatten Anschluß an den neu-alten Auftakt; sie sind so geschnitten, daß sie – ohne Knacken freilich – den arhythmischen Rücksprung einer Plattenspielernadel in die vorherige Rille in Erinnerung bringen.

Technische Reproduzierbarkeit von Kunst oder auch Nicht-Kunst wird hier durch Ton- und Bild-Wiederholung verbissen und ohnmächtig verhöhnt, indem sie in absurder Geste vorexerziert wird, einer Geste, welche die Fruchtlosigkeit ihres eigenen Tuns kennt und an sich selbst vorführt. Die Gleichstellung von Callas und Valente weist darauf hin, daß für Schroeter der Begriff von »Kunst« zerbrochen ist, daß beide Stars, als emotional wirkende Medien-Arbeiterinnen, für ihn vergleichbar sind, daß sie, wie die Mona-Lisa-Reproduktion, die er in ganz kurze und nahe Ausschnitte zerlegt, nicht Originale sind (wie das da Vinci-Bild im Louvre oder die zwei Sängerinnen live; und wenn!), sondern Material für eine Art kreativer Destruktion, die allerdings im Schaffensprozeß sich ihrer selbst sicher weiß.

Der endlos erscheinende Film schließt (im Ton) mit einer Sakrales und Soziales intonierenden Männerstimme, mit Fragmenten wie »hilf uns in der Not – schöne weiße Rose – gib den Armen das Brot«, einer exponierten Passage, die keineswegs als zynisch zu verstehen ist, die vielmehr »spleen et idéal« (Baudelaire) des Künstlers, seine Besessenheit, Skepsis und Leidenschaft noch ein letztes Mal verdeutlichen soll. – Im Nachspann (»ein Film von Verner« – mit V) sind ausgerechnet die Augen der Mona Lisa durch eben diesen zitierten darübergeklebten Autoren-Vermerk des Filmmachers abgedeckt, geblendet: der Filmmacher zersetzt das Idol; zugleich mißtraut er der Fähigkeit seiner eigenen optischen Reproduktionskraft.

(Die Tonmontage hatte Schroeter als experimentelles Hörspiel erfolglos Sendern angeboten unter dem Titel *Houphilis* (laut Schmid/Scurla) oder unter dem Titel *Hophylis* (Schroeter-Aufschrift); er soll in Griechisch meinen »der/die Vielgeliebte« (nach Schroeter), dürfte aber das Gegenteil bedeuten trotz grammatikalischer Verballhornung: den/die Ungeliebte.)

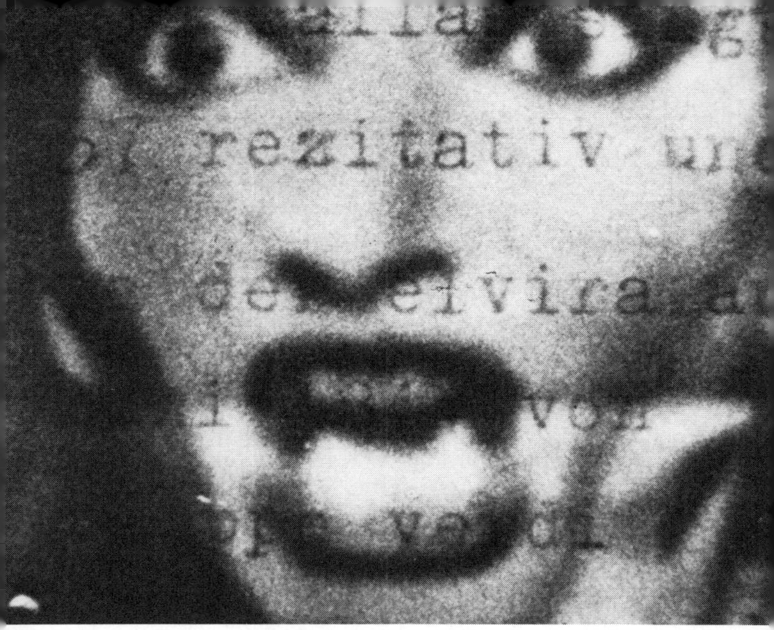

Maria Callas singt 1957 Rezitativ . . .

MARIA CALLAS SINGT 1957 REZITATIV UND ARIE DER ELVIRA AUS ERNANI 1844 VON GIUSEPPE VERDI. Das ist eine Arbeit, die Zuhausesein als Eingesperrtsein in den »eigenen« vier Wänden darstellt, in den eigenen Emotionen, zusammen sowohl mit greifbaren Gegenständen, die in ihrer Auswahl requisitären Charakter annehmen, als auch mit ideellen Gegenständen sowie den Medien. Eine weitere Callas-Studie überschreitend, beginnt der Film mit dem abstrakten Licht-Bild einer im Dunkeln auf die Kamera hin-pendelnden japanischen Papierlampe in Kugelform, wie man sie in Studentenbuden häufig findet (den Ranpendel-Effekt hat schon Fernand Léger 1924 in *Ballett méchanique* mit Pfannen oder Töpfen ähnlich gehandhabt). Eine glänzende, leicht sadomasochistisch wirkende Kette schwingt hin und her (möglicherweise ein Zitat aus Angers *Fireworks*, 1947; dort mit Respighi-Musik). Als weitere Gegenstände aus dem Vier-Wände-Bereich sieht man einen Plüschhasen, eine Spielzeugfigur, die Schroeter in Einzelbild-Animation über den Fußboden bewegt, Bilder und Posters (Callas, vor- und zurückgezoomt; Delon, die Magnani, die

Darstellung eines muslimischen Beerdigungsritus), einen angeschalteten Fernsehapparat mit Bildern aus Lateinamerika – möglicherweise aus Eisensteins *Que viva Mexico!* – und, außen, eine Kamerafahrt durch trist-dunkle, nur durch vorbeiziehende Neon-Lichtmarken überhaupt wahrnehmbare Straßen.
Der Film zeigt zunächst einen einsamen, narzißtischen, mit der Kamera durchs Zimmer irrenden Filmmacher, nach Ansatzpunkten, »Halt« und Idol suchend. Später geht Schroeter weiter zu einer relativ komplizierten split-screen-Technik, die eigenen aktuellen Umraum (Tagebuchblätter, die Fernsehsendung, den Hasen) mit statischen Medienprodukten amalgamiert; auf Callas-Photos erscheinen aufgeklebte Sprechblasen mit der handgeschriebenen deutschen Übersetzung des »Ernani«-Arientexts, kaum lesbare Tagebuchaufzeichnungen und Bilder sowie ein Plakat mit dem Blockbuchstaben-Aufdruck TABU, das zugleich F. W. Murnaus Film wie auch Schroeters Interpretation seiner eigenen Lebenslage oder -wünsche meinen kann. – Die Callas-Arie der Elvira wird partiell wiederholt.
Insgesamt eine merkwürdige, sehr persönliche Arbeit, die vom Konkreten, Greifbaren des Umraums durch dessen Mischung mit Medienprodukten sich immer weiter von der filmischen Abtastung eines Zimmers in die tagebuchartige Darlegung eines Bewußtseins fortentwickelt, wobei die Technik des geteilten Bildes (in der Kamera belichtet), sowie des auch zwischen Text und Bild-Darstellung mehrfach geteilten Bildes zu einer Form des künstlerischen Sublimationseffekts führt. Solipsistische Selbstdarstellung wird, als ungenügend, überwunden durch immer reichhaltigere Versuche, Innenwelt mit Außenwelt emotionell und künstlerisch zu ver-rühren. Dies ist der erste Film der Callas-Serie, der den Zuschauer auch durch kinematographische, bewußt inszenierte Raffinesse packt und der die sonstige starre Ikonographie wesentlich überwindet. Zwar geht MONA LISA in der Bearbeitung des Tons weiter; der bleibt aber dort, unter Einvernahme der Valente, dennoch idolographisch, nicht kinematographisch.

III. Übungen mit Darstellern (stumm)

Schroeter datiert (bei Schmid/Scurla) keinen seiner Filme vor 1968. In oder auch vor diesem (ohnedies überaus produktiven

Jahr) ist eine Reihe von Test-Filmen entstanden, die als Fingerübungen direkt in die Vor-NEURASIA – ARGILA – Produktions-Phase führen, die andererseits von den Callas-Filmen und ihrem narzißtischen Studio- oder Solo-Charakter entschieden abzuheben sind. Ohne daß ich die genaue Chronologie, die vermutlich sowieso völlig querfeldein läuft, rekonstruieren wollte, erscheint eine Aufteilung in thematische Blöcke sinnvoll. Da der »Berlin-Block« direkt auf die ersten 16 mm-Filme verweist (mit Carla Aulaulu), wird er den anderen Tests, die den 8 mm-Spielfilmen vorausgegangen sein dürften, nachgestellt.

OHNE TITEL 4. Zimmer mit Magdalena Montezuma. Das Beardsley-Poster mit Salome an der Wand verrät einen Bezug zur Besetzung der Magdalena Montezuma (MM) später sowohl als Herodes (im ZDF-Film) wie auch als Jochanaan (im Schauspielhaus Bochum). Schroeter läßt MM langsames, pathetisches Kopfherüberdrehen üben; er selbst übt sich in Fertigkeiten der Bildausschnittswahl. An den Wänden kleben außerdem Posters von Alain Delon (mit Sohn) und von Elvis Presley.

Ohne Titel 6

OHNE TITEL 6. Gestische Tanzstudie des nackt und ekstatisch sich durch ein Zimmer bewegenden Schroeters in theatralisch-verzweifelter Körpersprache. Diffuses Tageslicht. Komisch wirkt, daß der Akteur bei aller Exaltation seine Socken anbehalten hat. Die Kamera wird von einer zweiten Person bedient.

OHNE TITEL 5. Test mit Steven Adamczewski, einem der Hauptdarsteller aus Schroeters Spätphase der 8 mm-Zeit: er liegt da wie ein Leichnam, wird wachgeküßt, breitet die Arme aus wie ein liegend Gekreuzigter, steht dann; große Verbeugung. Anschluß an:

OHNE TITEL 2. Steven Adamczewski in Leichentuch und mit ausgebreiteten Armen wie nach einer Kreuzabnahme auf dem Rücken liegend. – Dann Magdalena M. zuhause, malend (Tagebuch-Einstellung). Sodann Test mit MM und einer anderen jungen Frau in gefühlvoll sitzender Gruppe. Anschluß an:

OHNE TITEL 1. Magdalena sitzt mit einem jungen Mädchen. Sie probieren tragische Gesten wie Umfallen; MM legt sich über die Verblichene und streichelt ihr Gesicht.

Ohne Titel 2

III. Übungen mit Darstellern (in Berlin)

ICA VILANDER. Die Berliner Photographin, bekannt auch durch Akt-Bildbände, stellt sich gestikulierend und mit der Kamera kokettierend vor. Nett-ungestalter Portrait-Film.

CARLA SALOME. Viele Einstellungen von der sich im eleganten Spitzenkleid zuhause (wohl bei Rosa von Praunheim) auf dem Flokati-Teppich brünstig bewegenden Aulaulu als Salome zur unhörbaren Strauß-Musik: Salomes Tanz in schon virtuoser Parodie.

CARLA SINGT CALLAS. Interessante Surrogat-Figuren wie Carla Aulaulu oder Magdalena Montezuma werden von Schroeter zur Mimesis großer Opern-Diven als Play-Back-Actricen herangezogen. Hier spielt Carla Aulaulu (ohne überlieferte Musik), mit Mikrophon und Tonbandgerät kokettierend, die Diva; sie ringt komisch mit dem Mikrophon (man stelle sich die Callas mit Hand-Mikro in Lippen-Nähe vor!). Den privaten Charakter dieser Etüde kennzeichnet schließlich Rosa von Praunheims Strip-Angriff auf Carlas goldgrünes Glitzerkleid.

OHNE TITEL 3. Vor rotem Hintergrund hängen Gegenstände herab, die an Puppen und Soffitten eines Marionettentheaters erinnern; der im seidenen Morgenrock wirbelnde, ekstatisch an die Kamera herantanzende Schroeter zwingt diese zu fließenden Bewegungen auf den sich exhibierenden Selbstdarsteller, der halbnackt den Raum durchmißt, auf Graphiken an den Wänden und auf eine Gesellschaft, die aus Carla Aulaulu und anderen, kaum erkennbaren Berliner Bekannten besteht.

Carla singt Callas

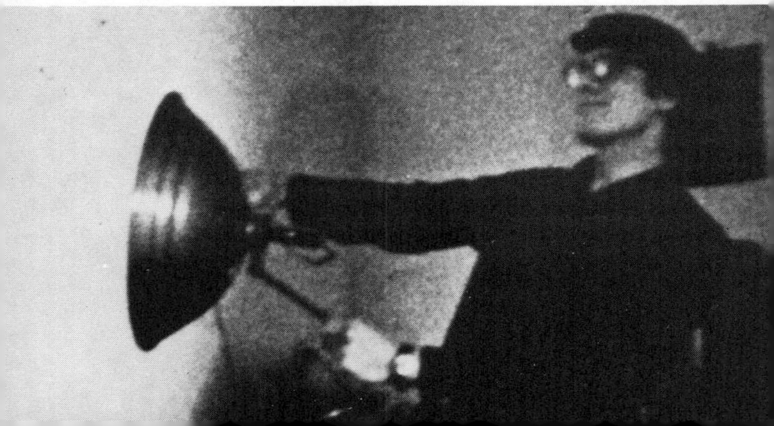

IV. 8 mm-Spielfilme

LA MORTE D'ISOTTA. Ein stilistisch noch sehr uneinheitliches Laienspiel-Drama um unglückliche Liebe, Enttäuschung, Eifersucht und eine Art Sehnsucht nach dem Liebestod, wie Wagner ihn der Isolde (italienisch: Isotta) geschrieben und komponiert hat, wesentlich inspiriert durch Schroeters überaus wichtiges Lektüre-Erlebnis von »Les chants de Maldoror« des Comte Lautréamont (i. e. Isidore-Lucien Ducasse, 1846-1870).

Tatsächlich findet man unübersehbare Spuren der Lautréamont-Lektüre in dramaturgischen und stilistischen Grundelementen des Schroeterschen Werkes und in seiner Weltauffassung immer wieder: Nicht nur dessen absolut höhnischen Pessimismus der Welt gegenüber, nicht nur den gewaltigen und gewalttätigen Gestus, mit dem Schroeter mit Tradiertem umgeht (es zerstörend, aber noch in der Zerstörung als schöne Ruine konservierend), nicht nur im Selbsthaß, in der Selbstironie, sondern auch – und das ist Konsequenz eines stolz-verzweifelten Künstlerbewußtseins – in der Multiplizierung der eigenen Existenz, in der Verteilung der Ich-Rolle oder der Künstler-Rolle auf mehrere verschiedene Figuren, Masken, Personnagen, in der Aufhebung von Identitäten, wie wir sie zum Beispiel in ARGILA (technisch), in MACBETH, in der MALIBRAN und ganz grundsätzlich in der strukturellen Vielfalt und Vielschichtigkeit der Schroeter-Filme immer wiederfinden. Das betrachtende Ich, das bei Lautréamont unversehens sich selbst als »er« darstellt, zerstört absichtsvoll die personelle Genie-Identität.

Lautréamont hat mit seinem Pseudonym sowie auch mit dem Namen der Titelfigur seines Hauptwerks phonetisch-assoziative Versteckspiele getrieben. »L'autre Amon« hieße »der andere Amon« – ein Engel des Bösen; und »Maldoror« kann, je nach Silbenspiel-Stellung, als »der Vergolder des Bösen« wie auch als »die Morgenröte« (aurore) »des Bösen« gedeutet werden. Schon die fast undeutbaren Titel der frühen 16 mm-Arbeiten Schroeters wie ARGILA, NEURASIA, EIKA KATAPPA weisen darauf hin, daß Schroeter, anders als bei den eindeutigen Callas-Titeln, sich hier die Maskierungs-Methode Lautréamonts zu eigen gemacht hat. – Das Außerordentliche bei Schroeter ist, daß er, der als einziger von den Filmmachern der

Bundesrepublik heute sich auf die Initiatoren der literarischen Moderne (Baudelaire, Rimbaud, Mallarmé, Lautréamont) mit ihrer grimmigen Selbstverleugnung berufen kann, eben dadurch Solitär und Genie wurde.

LA MORTE D'ISOTTA zeigt szenisch in Personengruppen arrangiert, zwischen Vor- und Nachspann mit holzschnittartigen Graphiken (zum Tristan-Epos vermutlich) und unterbrochen von durch Abdeckmasken (wie bei ERNANI und DOPPELBELICHTUNG) erscheinende Lesetexten aus den »Gesängen des Maldoror« die durcheinanderlaufenden Liebeslinien von fünf Akteuren: von Rita Bauer, Marlene Koch (= Knut Koch), Werner Schroeter selbst, Joachim Bauer und Truùla Bartek. Die Banalität der Ex- und Interieurs (letztere im Stil der 60er Jahre), die Banalität der Zwischentitel-Dialoge (»Gehst du bald?« – »Wieso?«) und der unzärtlichen sozialen Verkehrsformen stehen in keinem Verhältnis zum dargestellten Leid der Hauptperson, die, Inszenator und Selbstdarsteller in einem, diesen »Reigen« der anderen Personen nicht mittanzen will, die ganz süchtig und hoffnungslos auf eine Person (»Marlene«) konzentriert ist und die in Traumsequenzen unter ihrer Zuneigung zum eigenen Geschlecht zu leiden hat, die darüber hinaus die triviale photographische Szenerie durch die Montage mit den Requiems- und Sterbemusiken von Berlioz, Mozart, Wagner und den Lautréamont-Passagen – mit musikalischer und literarischer Hilfe also – dem platten Augenschein und ins Kommentierbare enthebt.

»Nach mehreren Stunden, zu Tode erschöpft vom Laufen kreuz und quer, die Zungen aus den Mäulern hängend, fallen sie« (die Hunde) »übereinander her, ohne zu wissen, was sie tun, und zerreißen sich mit unglaublicher Geschwindigkeit in tausend Fetzen. Nicht aus Grausamkeit handeln sie so. Eines Tages sagte mir meine Mutter mit glasigem Blick: ›Wenn du in deinem Bett liegst und hörst die Hunde in der Heide bellen, dann verbirg dich unter deiner Decke und spotte ihrer nicht: sie haben unersättlichen Durst nach einer Unsterblichkeit, wie du, wie ich, wie alle Menschen mit bleichem und schmalem Gesicht. ... Auch ich gleich den Hunden sehne ich mich nach Unsterblichkeit ... Ich kann und kann dieses Sehnen nicht stillen« (I. Gesang, 8. Strophe): Ein überaus zynischer Kommentar, den Schroeter dem Bildgeschehen überwirft. Die traurigen erotischen Personenkonstellationen im Film interpretiert Schroeter als eine verzweifelte Jagd der Akteure nach einander; er endet im gegenseitigen Kannibalismus. Die Grenze zwischen Bestialität und Humanität erscheint negiert (auch im Unendlichkeitsstreben der Hunde, das sie zu den Menschen nivelliert). Sieht man nun Bild und Text zusammen, so gibt es außer hoffnungsloser überhaupt keine Liebe, und auch unter den »Menschen mit bleichem und schmalem Gesicht«, den Außenseitern, keine Gemeinschaft.

Schroeter selbst illustriert im Film schmerzliche Isolation, im Sessel sitzend wie frierend vor der Wand mit einem Bild der Garbo als Kameliendame, dann ruhelos – (»Isoldes Liebestod«, von der Callas gesungen, ertönt) gequält, hin und her eilend; einmal sieht man Tränen über sein Gesicht laufen.

Aus den Endstücken dieser 8 mm-Rollen montierte Schroeter eine Sequenz, in der die allmählich sich verfärbenden, ins Rötliche, Gelbliche, dann Weiße verbleichenden Rollen-Enden hintereinandergehängt sind; Abfallmaterial, das hier »sanft entweht« und Sterben (»ertrinken, versinken«/»Freunde! Seht! Fühlt und seht ihr's nicht?« – Wagners »Tristan und Isolde«) im chemisch-kinematographischen Prozeß sichtbar macht. Schroeter stellt diese Passage bewußt nicht ans Ende, sondern zeigt sie inmitten der Schlußsequenz seines Auftritts des Verlassenseins. Am Ende starrt ein Mann im Holzschnitt-Graphik-Stil des Anfangs in eine Sonne, als ob er gern erblinden möchte. So nimmt dieses Schlußbild die Licht- und Ton-Thematik der verbleichenden Filmschlußschnipsel von zuvor wieder auf.

LA MORTE D'ISOTTA ist, wenn auch kinematographisch nicht geglückt, zumindest in seiner Konzeption eine Hymne an die Nacht, an die Gegenwelt zum Hellen. Normalen, Leid-Losen. An das Abseitige, die Nachtseiten der Schwarzen Romantik. Es lohnt sich, nachzulesen, wie Wagner im II. Tristan-Akt verbotene Liebe mit einer Hymne an die Nacht und Haßgesängen gegen den Tag verbindet, und den geistigen Beziehungen zwischen Wagner und Lautréamont nachzugehen (vgl.: Werner Vordtriede: Novalis und die französischen Symbolisten. Kohlhammer. Stuttgart, 1963). Und doch ist bei LA MORTE D'ISOTTA immer noch die Konzeption und die Interpretation interessanter als die kinematographische Gestalt selbst.

HIMMEL HOCH. Auf einem Friedhof und in einer ziemlich häßlichen großbürgerlichen Wohnung im Stil der Frühsechziger Jahre inszeniertes Dreiecks-Drama um Steven Adamczewski, Rita und Joachim Bauer, in dem Steven, der häufig mit großen Gesten umfällt und wieder aufersteht, die tragische Rolle eines unglücklichen Liebenden und, obwohl er sehr männlich wirkt, einen in seiner herkömmlichen Geschlechterrolle Unsicheren spielt. Die süßliche Musik (Leontyne Price singt auf Englisch Weihnachtslieder wie »Vom Himmel hoch« und »Stille Nacht« sowie ein »Ave Maria«) setzt einen Kontrast zum individuellen Leiden des Hauptdarstellers: Man kann sie als Stimme der Majorität, als moralisch-kulturelles Diktat gegen den Außenseiter auffassen, wiewohl sie in sich freilich wiederum ihre eigenen Camp-Reize hat.
Das gestische Formenarsenal (Anbetung, Hinwendung, Streicheln) scheint gekonnter, aber auch kühler als in ISOTTA, wo der Regisseur sich noch selbst als Darsteller einbrachte, und wo die Verwendung von Farbmaterial und der Verzicht auf helles Tageslicht einen höheren Grad an Stilisierung leisteten. Friedhof und Wohnung erscheinen hier unter quasi natürlichen Licht; zwischen den Banalität der Décors und der Dramatik der Handlung herrscht ein Widerspruch, der stört, weil er nicht die Qualität eines restlos radikalen Bruchs besitzt.

PAULA – JE REVIENS. Erstmals benutzt Schroeter hier einen gänzlich leerarrangierten szenischen Raum, in dem nichts Beliebiges, Vorgefundenes und dort Belassenes mehr existiert, auch keine Décors (Posters etc.), die durch den Zufall eines gleichgestimmten Lebensgefühls zwischen Bewohner und Regisseur und durch die Auswahl der Kameraperspektive in den Film paßten. Eine Wand links und hinten ein dunkelroter Vorhang begrenzen eine entrümpelte Szene oder eine Bühne, vor der die Kamera als Zuschauer agiert; einen Raum, wie wir ihn in NEURASIA, JOHANNAS TRAUM (in Partien) und auch in Rosa von Praunheims *Rosa Arbeiter auf goldener Straße II. Teil* (1968) finden. Rot und blau sind die beiden Farben (jenseits der »bleichen, schmalen Gesichter«), die hier Eindeutigkeiten repräsentieren. Das Geschehen zwischen vier weiblichen und zwei männlichen Darstellern (von denen der eine, Knut Koch, ein weibliches Vornamen-Pseudonym trägt: Marlene) ist als Geschichte nicht fixierbar. In minimalen melodramatischen

Paula – je reviens

Handlungspartikeln, die isoliert und autonom zueinander stehen, kreist das Geschehen um sich selbst. Nur der momentane Affekt der Zuneigung von Personen zueinander, nur das Gestische ist begreifbar, nicht aber eine logische Abfolge von Figuren-Konstellationen oder -Koalitionen. Der Zuschauer blickt (wie, zweimal eingeschnitten, Werner Schroeter) aufgerissenen Auges auf einen wortlosen Mädchenreigen um Knut Koch, der als Objekt und Subjekt von Liebe gleichermaßen undefinierbar bleibt.
Zweimal stürzt Knut Koch, in schwarzem Umhang mit Kapuze wie ein Mönch, aus einer hervorgehobenen, unhaltbaren Position von einer Leiter, dem einzigen Requisit auf der dunklen Bühne, herab in den Raum, wo die Mädchen sind und sich ihm (wie er sich ihnen) in wechselnden Figurationen zuordnen. Selbst sein regloses Liegen, sein Tod also, der mit Trauer- und Pietà-Gebärden von Heidi Lorenzo und Rita Bauer beklagt wird, ist widerruflich. Die Auferstehung, das »resurrexit« passiert in diesem (auch in der Musik) sonst ganz unsakralen Film quasi mechanisch, immateriell, rein.

Es gibt in diesem Film eine merkwürdige Polarität zwischen Körperlichem und Unkörperlichem. Einerseits sieht man Knut und Heidi Händchen halten, streichelt Heidi Knuts nackten Oberkörper, zieht eine Liegende (wohl Rita Bauer) ihren Pullover aus. Zahlreiche andere Szenen vermeiden körperliche Berührungen. Die Personen stehen und äugen sich an. Knut Koch küßt Heidis Schattenwurf an der linken Wand. Knut Koch vollführt angedeutete obszöne Bewegungen. Der Regisseur macht sich als Schemen in zwei eingeschnittenen Einstellungen vage-unkörperlich präsent. Eine Rollenend-Schnipsel-Sequenz wie in ISOTTA hebt die Eindeutigkeit der Farben über Fehlfarben ins Weiß auf.
Man erkennt zwei Methoden der Kostümierung: eine theatralische (Mönchskutte) und die alltägliche von Hosen und Pullovern; zwei musikalische Emotionen, die heitere Cembalomusik von Antonio Soler und die sentimentale der F-Dur-Violinromanze Beethovens (von Menuhin gespielt), im Wesentlichen zwei Farben, rot und blau. Auch der Titel – ich komme wieder – spricht von zwei Zuständlichkeiten. PAULA – JE REVIENS ist eine strenge Exercise, ein Ballett von Polaritäten.

GROTESK – BURLESK – PITTORESK. Buch und Regie: Rosa von Praunheim und Werner Schroeter; mit Magdalena Monte-

Aggressionen

zuma und Rosa von Praunheim. Wurde (zumindest unter diesem Titel) von Schroeter, der von Rosa von Praunheim als Inhaber der Kopie genannt wurde, nicht zur Besichtigung vorgelegt. (Quelle: »Rosa von Praunheim. Filme 1967-1972«. Dokumentation von Eva M. J. Schmid und Horst-Diether Kalbfleisch, Studienkreis Film, Filmclub an der Ruhr-Universität Bochum, und Volkshochschule Bochum, 1973).

FACES (s/w, Normal-8). 8 mm-Version der 16 mm-Arbeit. AGGRESSIONEN, ist mit dieser, bis auf allerdings bemerkenswerte Details, nahezu identisch. Siehe AGGRESSIONEN.

V. Filme in 16 und 35 mm

Aggressionen

Wer angesichts von IL REGNO DI NAPOLI verdutzt meinte, Schroeter habe sich unversehens und erstmals einem sozialpolitischen Sujet genähert, der mag nicht nur DER SCHWARZE ENGEL miß- oder nur einseitig verstanden haben, der hat nicht nur FACES und AGGRESSIONEN nicht gekannt (wie konnte er anders; waren diese Arbeiten bislang doch unzugänglich) – der hat vor allem übersehen, daß der scheinbar esoterisch, mit Medien- und Kultur-Gut so verschlüsselnd arbeitende Schroeter seinen spielerischen Umgang mit medialem oder kulturellem Spiel-Material stets überschritt und daß seine augen- und ohrenscheinliche sogenannte Intellektualität, daß Zitat, Circus und künstlerisch-autobiographische Selbstbezogenheit doch stets Gesellschaftliches als Schatten mitprojizierten.
Schroeters Mißvergnügen am derzeitigen Zustand des Kulturkreises, in dem er aufwuchs, und der weder seinen menschlichen noch seinen kulturellen Bedürfnissen entgegenkam, meinte zugleich, daß nicht nur der Filmmacher mit seinen individuellen Lebensansprüchen im festgeschriebenen zivilisatorischen Rahmen übergangen und unterdrückt wurde; seinen eigenen depravierten Status verstand er auch als eine von ihm selbst künstlerisch hervorgehobene Allegorie der allgemeinen Notlage.

Kennzeichen von Schroeters Modernität ist nicht nur, daß er in den Brechungen zwischen Leidenschaft und Geist, mystischer, enthusiastischer Ergriffenheit und Ironie »immanente« Kritik an Verarmung und Verengung von Kultur ausspricht (gerade indem er deren Reichtum ausbreitet), sondern daß er, »Kultur« als Eisbergsspitze betrachtend, sie zur Deutung allgemeineren Geschehens preisgibt, das sich in ihr lediglich repräsentiert.

Nur selten gestattet Schroeter unverstellte Blicke in diesen schüchtern verborgenen Untergrund seiner Dramaturgie. Erst in REGNO DI NAPOLI entdeckt er sich offen. Zuvor, vorsichtiger, in DER SCHWARZE ENGEL oder in verschiedenen Neapel-Sequenzen von EIKA KATAPPA. Freilich machen auch apokryphe Titel wie NICARAGUA oder ANGLIA (beide Filme unveröffentlicht, 1969/1970) neugierig auf die Weise ihres eventuellen Umgangs mit unornamentierter Realität, auf welche die Titel verweisen könnten.

FACES/AGGRESSIONEN sind Filme, die exemplarisch die Unterdrückung der Frau durch den Mann/Freund/Liebhaber darzustellen versuchen. Sie entstanden 1968 (in einem Jahr, das dem Chronisten etwas unheimlich wird, da insgesamt mindestens 11, wenn nicht über 20 Schroeter-Filme die Datierung auf diesen Zeitraum beanspruchen).

Unstreitig haben FACES/AGGRESSIONEN mit der Zusammenarbeit Schroeter/Praunheim zu tun. Die Spuren gegenseitiger Einflußnahme kann ich hier nicht verfolgen; eine Zeitlang haben beide jedenfalls miteinander gearbeitet und sich Anregungen gegeben. Spätestens mit dem gemeinsamen MACBETH-Projekt für den Hessischen Rundfunk (1971) und WILLOW SPRINGS (1972/73) scheint die Zusammenarbeit beendet. Beider künstlerische Temperamente trafen sich vermutlich in den Filmen *Schwestern der Revolution* (1969), MONA LISA, HIMMEL HOCH und FACES/AGGRESSIONEN; wo auch sonst immer – die Archäologie gegenseitiger Anregung von Praunheim auf Schroeter oder vice versa bleibt zunächst ziemlich schwer darstellbar. Halten wir uns an den projizierbaren Augenschein.

Eine Vermutung: es mögen partielle thematische Gleichartigkeiten von *Schwestern der Revolution* und FACES/AGGRESSIONEN Schroeter davon abgehalten haben, diese Arbeiten, nach dem publizistischen Erfolg von *Schwestern* (bei welchem Film Schroeter mitgearbeitet hatte), damals öffentlich vorzustellen.

In AGGRESSIONEN bedient sich Schroeter erstmals eines realen, untheatralischen, unstilisierten Hintergrunds, eines Stadtbilds mit Straßen, Passanten, Autos, Parks, Cafés (vermutlich in Heidelberg), wie in den frühen Schwabinger Kurzfilmen von Fassbinder oder Thome. Dennoch bleibt dieses Real-Décor Staffage und (außer allenfalls im allgemeinen Unbehagen an Stadtleben und Zivilisation) unoriginell, für die zu erzählende Geschichte beliebig. Die exponierte Mädchenfigur (Heidi Lorenzo) bewegt sich in ihm gleichgültig und unverbunden, fremder auch, als zur selben Zeit sich die Schwabingfilm-Protagonisten gerieren. Das apparte Gesicht von Heidi (dessen Physiognomie wir später bei Rainer Will in FLOCONS D'OR verblüffend ähnlich wiederfinden) ist für Schroeters Kamera jedenfalls die bezeichnendere Landschaft als die Stadt selbst. In Heidis Mienenspiel gibt es nur wenige Varianten: Emotionslosigkeit, Abwehr und Verkrampfung; kein Gelöstsein, kein Glücklichsein – also im Grunde ausschließlich starre oder negative Mimik. Heidi ist, gemessen an den anderen Schroeter-Darstellerinnen, eine seltsam unekstatische Figur. Gewiß hat Schroeter mit ihr Situationen von Gefesseltsein, Erstarrung, gefrorenen Gefühlen darstellen wollen.
AGGRESSIONEN beginnt mit einer Großaufnahme von Heidis Gesicht. Heidi streichelt es zärtlich mit einer Rosenblüte. Das Arrangement verrät sinnbildhaft romantische Sehnsucht einer Einzelnen nach Liebe und Glück, und ohne daß Schroeter hier jene Valente-Tonschleifen aus MONA LISA wieder verwendete, assoziiert man zumindest die Texte: »Rosen ... zärtlich umkosen ... die Liebe, die Hoffnung, das Glück« (siehe auch *Schwestern der Revolution*).
Der junge Mann, den sie zugleich zu lieben und zu fliehen scheint, der sie verfolgt, und von dem sie sich auch verfolgen läßt, wird von der Kamera nirgendwo als Individuum genommen. Stets verbannt der Bildausschnitt sein Gesicht in den Raum außerhalb der Leinwand; er abstrahiert, versachlicht ihn zur unmenschlichen Popanz-Existenz, zum bloßen Körper – einer Befindlichkeit, die das Mädchen für den Mann besitzt. Schroeter kehrt durch seine parteiliche Filmdramaturgie die tatsächlichen Machtverhältnisse paradox ins Gegenteil: Indem er dem Opfer beständig und nachdrücklich Gesicht verleiht, den aggressiven Mann-Täter aber des Rechts auf Physiognomie und Individualität konsequent beraubt. Schroeter zerteilt,

instrumentalisiert den Mann soweit, daß er ihn in den Einstellungen nach der Rosen-Kosen-Sequenz lediglich als Arm-Glied vorstellt, gegen den Heidi sich zu verteidigen hat in hilflos-hingebungsvollem Gerangel.
Gefangensein in der leidigen subalternen Geschlechtsrolle inszeniert Schroeter in Einstellungen, in denen Heidi sich am Gitter eines Hinterhofs, wie in der Horizontalen »kletternd«, auf den Mann hinzuangelt; in Einstellungen des Wartens. Vom großstädtischen, hinlänglich eleganten Décor weg selektiert die Kamera nunmehr – im Moment der Steigerung grober sexueller Aggression – Nahes, Materielles: bei einem Vergewaltigungsversuch das Treppenpodest mit Ziegelwerk und rohen Fugen auf dem Weg hinunter in ein öffentliches Frauen-Klo.
Eine lange schmerzvolle Beischlafszene »zuhause« (die wiederum nur Heidis verzweifelt sich verkrampfendes Gesicht zeigt und ihren oktroyierten Masochismus) isoliert Heidis Mimik sehr extrem, fast unerträglich. Recht unvermittelt ist der Mann später, als offenbar Ermordeter, über den Kieshügel einer Baustelle gebreitet zu sehen: Die Zeitfolge vom Mißbrauch der Frau, ihrer Erkenntnis eines ausweglosen Haß-Liebe-Konflikts und schließlich ihrer Tötung des Mannes erscheint unbeholfen (und gar nicht exzessiv – theatralisch) verkürzt. Schroeter scheint es da noch an Stilisierungs-Methodik, welche sonst mit gewagten Sprüngen über dramaturgische Brüche setzt, gefehlt zu haben.
In AGGRESSIONEN wagte Schroeter erstmals einen Soundtrack, der die bisherige Methode von Montage vorgefundener readymades auf Schallplatten überschreitet. In AGGRESSIONEN werden nicht mehr Schallplatten collagiert, es sind Texte und Lieder zu hören, die keinesfalls dem Standard entsprechen, den Schroeter sonst an für ihn Reproduzierbares legte. Möglicherweise hatte Schroeters Zusammenarbeit mit Praunheim ihm Mut gemacht, sein bereits recht weit expandiertes Prinzip Collage noch rigoroser fortzutreiben.
In AGGRESSIONEN begleiten merkwürdige Texte und Lieder das oben skizzierte optische Geschehen. Etliche lyrisch-kulturkritische Sätze über Aggression, ganz distanzlos gesprochen, vermöchten einen feministischen oder sonstwie emanzipatorischen Vorsatz des Filmmachers ebenso zu bestätigen wie auch zu ironisieren; der eindeutigen, kameratechnischen Partei-

nahme via Ausschnitt für die Heidi-Figur und der dementsprechend rigorosen optischen Verachtung des Kontrahenten, des jungen Mannes, gesellt sich nun auf der Ton-Parallele ein diffuser Phrasenwust hinzu, der eine Art hohler Kulturkritik betreibt, der »Verantwortung« und »christliche Gemeinschaft« im Munde führt und meint, daß »Dekadenz an den meisten Fehlentwicklungen schuldig« sei. Die Phraseologie wird durch Wiederholungen nicht konkreter; aber der Film verkommt am Ende durch ein prima vista recht jämmerlich gesungenes Erbauungslied (das so klingt, als habe eine Heilsarmee-Brigade unversehens neue Noten aufs Pult bekommen) erstaunlicherweise dennoch nicht zum Kabarett. Er treibt vielmehr in vier (nur theoretisch voneinander ferne) Winkel sehr symmetrisch auseinander: Heidi (sichtbare Gesichtslandschaft, reaktiv); der Mann (unsichtbar, nur als partieller Körperteil wahrnehmbar); Texte und Songs: – zum einem vertreten sie verbal die Machtposition des Mannes, zum anderen tun sie es aber so schwach und kläglich, daß die Botschaft ironisiert erscheint. Hinter der Maske, die der Filmmacher der Botschaft überwirft, argwöhnt man schon wieder dessen eigene Sehnsucht nach entfremdungsfreier Lebensdirektheit.

Faces. 1968

FACES ist eigentlich nicht eine Vorform von AGGRESSIONEN, vielmehr ist AGGRESSIONEN eine Weiterführung von FACES. Bis auf den Schluß – die Konsequenz – sind beide Filme im optischen Stil weithin identisch. Auffallend ist, daß Schroeter in FACES (also einer grammatikalischen Mehrzahl) dem jungen Mann durchaus noch das Recht auf eigenes Antlitz im Bildrahmen zugesteht. In FACES wirkt Heidi stabiler, weniger verletzlich als in AGGRESSIONEN, auch angepaßter, lethargischer, wie eine, die sich letztlich vom Mann eben doch noch lustvoll rumkriegen läßt.

FACES endet nicht mit einem Tod, sondern einer geradezu bürgerlichen Abendessensszene von Heidi und dem Jungen (Knut Koch?), die ganz im Sinne der Schlußpassage von *Schwestern der Revolution* in Schein-Harmonie, Widerstands-Aufgabe von Heidi und einem Versöhnungs-Tanz des vereinten Pärchens verebbt. Dieser spießige Party-Tanz wird in einer hekti-

schen Vor- und Rückzoom-Orgie dargestellt, deren Stil nahelegt, daß Schroeter selbst die Kamera nicht geführt hat. Derart gewalttätige Kamera-Manierismen finden sich selbst in seinen früheren Arbeiten sonst nirgends. Die Vermutung, Rosa von Praunheim, der solche Effekte nicht scheut, habe die Kamera bedient und wohl auch dramaturgisch auf den Schluß des Films FACES Einfluß genommen, liegt nahe.
FACES schließt untragisch, mit Anpassungs- und Unterwerfungsgesten, die, wiewohl als bitter dargestellt, nicht die Härte, die Schärfe sonstigen Schroeterschen Stils erreichen, so wie er dann etwa in AGGRESSIONEN mit einem Mord als rebellischem Akt die ironische Attitüde von FACES in einer radikalen Ellipse auslöscht. FACES wurde, meiner Erinnerung und meinen Notizen zufolge, stumm vorgeführt.

Neurasia. 1968

Zwar datieren einige Filmographien NEURASIA und ARGILA, und verschiedene Essays und Rezensionen weisen darauf hin, daß ARGILA VOR NEURASIA aufgeführt worden sein könnte; dennoch spricht viel dafür, die Entstehung von NEURASIA VOR ARGILA anzusetzen: z. B. die bruchlose szenisch-zeitliche Einheit (wie bei PAULA), der Verzicht auf das gesprochene Wort, die Schwarz-Weiß-Kamera bei NEURASIA; während die höhere technisch-dramaturgische Komplexität bei ARGILA (Doppelprojektion, teilweise in Farbe, weiter differenzierte Kameraarbeit, wechselnde Szenerien, perfektionierte Tonmischung sowie ein eigener Text) auf spätere Entstehung und bewußteren, sicheren Zugriff des Filmmachers nach dem ermutigenden Gelingen von NEURASIA schließen lassen.
Der Titel NEURASIA weist auf Nahes und Fernes hin, auf den imaginären Zwitterkontinent Europa mit Asien, bei dem, wie uns schon in der Schule dokumentiert, das bißchen Christliche Europa gegenüber dem gigantischen Morgenland-Asien eher als minderes Anhängsel erscheint. Der Titel spielt auch mit dem psychiatrischen Begriff »Neurose« auf Schroeters kulturkritischen Impetus an. In seinen Filmen beschäftigt er sich skeptisch mit dem physisch-psychischen Zwiespalt des christlichen Abendlands. Da auch in diesem Film Abgestorbenes, Überaltertes immer nur vorübergehend tot ist und die unun-

Neurasia

terdrückbare rebellische Vitalität tänzerischer, musikalischer und theatralischer Gesten sich in NEURASIA immer wieder szenisch aus sich selbst regeneriert, erscheint die Titel-Assoziation »neu« (tò néon) zur geographischen und psychiatrischen Deutung leicht hinzugesellbar.

Wie in PAULA – JE REVIENS agieren in dunklen, fast sargähnlichen, bühnenartigen Räumen vier Personen, drei Frauen und ein Mann, von der Kamera zumeist aus der Zuschauerperspektive, also leicht von unten, wie aus einem Theater- oder Tempel-Parkett aufgenommen. Nur kann man hier Steven Adamczewski (wie zuvor Knut Koch) nicht mehr als erotisches Zentrum der Bemühungen der drei Frauen auffassen; die Alliancen von Carla, Magdalena, Rita und Steven sind vielmehr noch unfaßbarer als jene in PAULA. Zudem tritt in NEURASIA, als ein weiterer wichtiger Faktor, Metaphysik hinzu – ein Idol-Kult, der das Persönliche im Verhalten der Darsteller zueinander, vage, aber herrisch zu bestimmen scheint.

NEURASIA ist ein Paradies der rasenden Gebärden. Ein Lunapark der Gefühle. In schwarz-grauer Bühnen-Bildfläche stellen sich unendlich wiederholbare Partikel musikalischer und melodramatischer Exaltation, extrem retardierte Gebärden von Anbetung, Liebe, Verzweiflung, Religion, Wahnsinn und Tod dar. Schroeter zeigt hier, trotz allerkargster Bühnen-Mittel, seine einzigartige Fähigkeit, Personen in rituellen Bilder-Kompositionen variabel zueinander zu arrangieren – oft im Dreiecks-Aufbau – und den Licht- und Schattenwurf auf der Hinterwand gelegentlich als dämonische Verdoppelung der Figuren drohen zu lassen. Obgleich alle Figuren demselben inszenatorischen Gesetz gehorchen, bemerkt man doch dramaturgische Bevorzugungen oder Vernachlässigungen: Carla Aulaulu erscheint als Sex-Figur, aber auch als Priesterin, Magdalena Montezuma mehr als Priesterin denn als hoffnungslos Liebende, Rita Bauer bleibt weiterhin schöne Staffage, während Steven Adamczewski mit oft nacktem Oberkörper oder auch mit Gitarre zwar sehr viril, aber als seelenlos-gleichgültiger Darsteller wenig aktiv werden darf: Es gelang Schroeters Talent, große und kleine Laien unterschiedslos in seinen Film zu integrieren.

Ein Film mit vier sehr unterschiedlichen Figuren. Freilich glückt es nicht, diese für den Hippokrates-Kanon (sanguinisch, cholerisch, phlegmatisch und melancholisch; siehe Hin-

Neurasia

demiths Ballettsuite »Die vier Temperamente« von 1940) zu vereinnahmen; in jeder der theatralischen Marionetten lassen sich Charakterzüge der anderen auffinden. Individualität selbst, ein Heiligtum europäischer Kultur und europäischen Kults, verliert trotz unterschiedlicher Präsenz der Darsteller ihr Gesicht, wird zur tauschbaren Maske (»persona«), durch die der Darsteller hindurchtönt. Der Kult der Gesten und Zitate vereinnahmt alle und jeden mit strenger Gebärde ins szenische, bitter-pittoreske Ornament.

Mit Carla Aulaulu, einer Kontrastfigur zur überaus nordisch wirkenden Montezuma, kommt romanische und lateinamerikanische Exotik auch darstellerisch ins Schroeter-Werk, Tangos, spanische Fächer, Sambas; eine endlich adäquate Playback-Figur zur Musik der Caterina Valente (die ja ihrerseits so unmittelbar nun auch wieder nicht ist), und damit optisch eine exotische Sehnsucht, die Schroeters Arbeit zwischen VERONA und den hier aufklingenden süd-sehnsüchtigen Südsee-Hawai-Gitarren (wiederum aus zweiter Hand, freilich) schon immer beschäftigte.

Ein fledermausartig-vampiristisches Totem-Popanz-Bild (das ebenso vergoldet erscheint im Unterschied zu »echtem« Gold, wie der Unterschied zwischen Götze und Gott) repräsentiert leere Transzendenz, scheinhaften Einfluß auf die vier Figuren. Jenes Idol wirkt und funktioniert nur durch den Ritus, mittels dessen es angebetet wird. Schroeter mischt hier jegliche Religiosität, sei sie abendländisch oder morgenländisch, zusammen in eine »neurasiatische« Mixtur, die weder das Plädoyer für ein neues Heidentum noch die Polemik gegen das alte Christentum meint, die aber sein hingebungsvolles Mißbehagen an der »leeren Transzendenz« formuliert (Hugo Friedrich, »Die Struktur der modernen Lyrik«; siehe ein andermal: Baudelaire, Rimbaud, Mallarmé). So wird es kaum gelingen, die Frauenfiguren interpretativ als Göttinnen oder Priesterinnen herauszuheben.

Steven aber, der sich einmal nackt am Boden mit seinen Ellenbogen vorwärtsbewegt, erinnert nachdrücklich an den Kriechenden Wurm, jene staubfressende Schlange, die im 1. Buch Mose nach Adams Verführung durch Eva wie die Menschen von Gottvater verurteilt wurde: ein Emblem für Sündenfall und verlorene Unschuld, das bei Schroeter noch wiederholt erscheinen wird. Décor und die düsteren Kostüme rufen vage

die 50er, 40er, 30er Jahre wach. Möbel, Requisiten deuten immer zugleich auf anderes als ihre Gebrauchsfunktion; eine Couch sieht aus wie ein Mittelding zwischen Sitz und Sarg, ist ein Wegweiser zur Liebe oder zum Tod.
Playback-Musik (ausschließlich triviale) wird hier von Schroeter der Darsteller-Bewegung erstmals quasi-synchron unterlegt. Mitunter korrespondieren Gesangs- und Tanzgesten auch rhythmisch dem Ton, dann hasten Bild und Musik unversehens auseinander. Tonschnitte werfen sehr hart soeben erst vom Zuschauer erarbeitete »Stimmungen« wieder um, heben den Hörer in einen Schwebezustand zwischen Bequem-Gewohntem und bizarr Widerborstigem. Musik- und Bilderfluß werben in Konkurrenz zueinander um seine Aufmerksamkeit und lassen ihn lernen, daß ihr Widerstreit genauso schön ist wie ihre Synchronität, wenn nicht sogar schöner.

Argila. 1968

ARGILA ist nicht nur durch seine Doppelprojektion in zwei Bilder und in Farbe und Schwarz-Weiß gespalten, schon der Titel bedeutet zumindest im Deutschen zweierlei. »Argillos« (griech.), »argilla« (lat./ital.), »argile« (frz.), »argil« (engl.) heißt zu deutsch »Ton«, somit ein Homonym, das sowohl »Lehm« wie auch »Klang« meinen kann, Materielles wie Immaterielles. »Argilla« selbst ist eine spezielle Lehmmasse von – ausgerechnet – weißer Tönung, ein weißer »Bolus«. Die Boli sind feine Ton-Arten, die in der Heil- und in der Bildenden Kunst zugleich eine Rolle spielen; bekannt sind die Farben Umbra und Siena. »Der weiße Bolus (Bolus alba), gewöhnlich ein hellgrauer Ton, diente früher als austrocknendes und blutstillendes Mittel und als Kitt« (Meyers Großes Konversations-Lexikon, 1903 ff.), ein anderer weißer Bolus (»der armenische oder morgenländische«, die feinste Sorte) wurde als »Leukophoron« schon von den Alten als Haftgrundierung und Unterlage für Gold auf Holz verwendet. Sowohl Argillos wie Leukophoron tragen im griechischen Wortstamm Adjektiva für Weiß. Einige der Boli sind eßbar. »In den Basaren Persiens kauft man einen weißen, feinen, etwas fettig anzufühlenden Ton«, der leicht salzig schmeckt; auch »die Damen der spanischen und portugiesischen Aristokratie betrachteten einst die

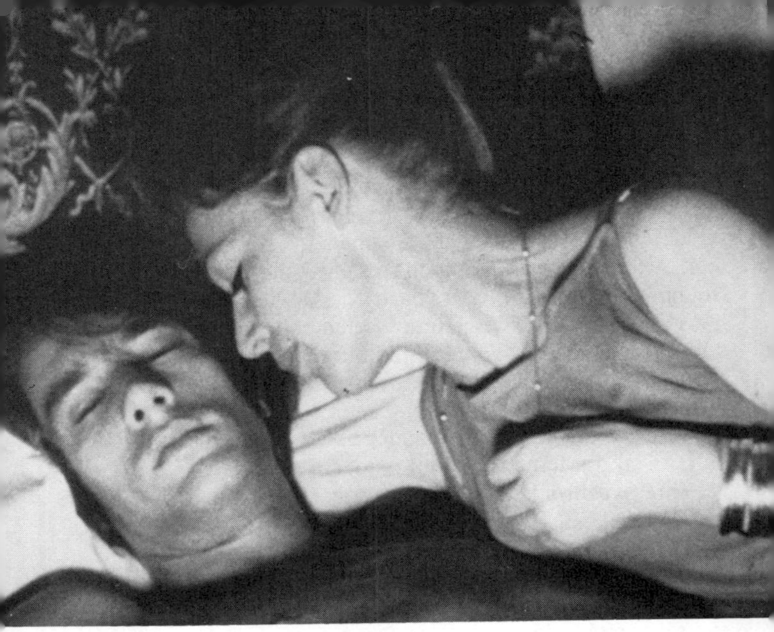

Argila

Erde von Ertemoz als große Delikatesse« (Meyers, s. o., Lemma »Erdeessen«). Ein überaus vielseitiges Mineral also, dessen assoziative Nutzbarkeit praktisch vom Schöpfungsbericht (Adam aus Lehm) über den Gottvaterfluch (und sollst »Erde essen dein Leben lang«) gegen die Schlange, den Kriechenden Wurm, (siehe NEURASIA) bis zur Bildenden Kunst und (im Deutschen) zur Musik reicht (»Pfeifenton« wäre übrigens in diesem Zusammenhang als bizarrste Homonym-Vokabel zu vermerken).

Es ist fraglich, ob dieser Assoziationsreichtum von Schroeter in derart enzyklopädischer Vielfalt, wie hier ausgebreitet, gewußt und genutzt ist, und gewiß kann »Argilla« mit ihren weit schimmernden Bedeutungsfacetten nicht als schlüssig-zuverlässige Interpretations-Richtlinie durch den Film ähnlichen Namens führen. Andererseits kann man bei Schroeter weder im Verifizieren noch im Falsifizieren von Zitaten oder Anspielungen je restlos Sicherheit gewinnen. Etliche der »Argilla«-Bedeutungssphären hat Schroeter ganz gewiß in ARGILA eingebracht. (Beim wiederholten Überprüfen des Titels möchte man weitere Deutungen wie »arg« gleich böse oder »Gila« als

Argila

Kurzform des Vornamens Gisela – Gisela Trowe hat hier eine Hauptrolle – in den Bereich auszuschließender Banalität bannen, kann aber doch nicht umhin, zu vermuten, daß Schroeter, der gerade zu dieser Zeit mit Filmtiteln ein fast kultisches, hermetisches Spiel trieb, ausgerechnet Fehldeutungsmöglichkeiten und Irreführungen wie diese mit amüsierter Gleichgültigkeit bestehen ließ.)

Wiederholung, Doppelung, Spiegelung sind Prinzipien von ARGILA. Auch insofern, als drei Frauen und ein (stummer, musik- und wortloser) Mann wie in NEURASIA das Personen-Quartett bilden. Zwei Personen sind nach NEURASIA aus dem weiterführenden Versuch ausgeschieden (Rita Bauer, Steven Adamczewski), zwei sind hinzugekommen (Gisela Trowe, Sigurd Salto), Magdalena und Carla blieben. Die darstellerische Präsenz der Schauspieler ist, zumindest, was das Damen-Terzett betrifft, nunmehr gleichrangig; Sigurd Salto wird als sprachloses Objekt verschiedener Art Liebe und Verehrung vom Regisseur sehr reduziert verwendet, Carla Aulaulu dem Geschehen um Salto entzogen: als Sängerin und Kommentatorin auf einer (schon wieder) zweiten Ebene.

Die Doppelprojektion beginnt zugleich links in s/w mit einem Liebes- und Eifersuchts-Geschehen, dem man, weil es schon passiert, höhere Authentizität zugesteht als dem Farbbild rechts, auf dem Carla Aulaulu zu einem amerikanischen Song im Playback agiert. Kaum ist aber rechts ihr Lied verrauscht, beginnt der rechte Projektor mit der um etwa eine halbe Minute verspäteten, bildgleichen Repetition des Schwarz-Weiß-Geschehens des linken. Diese Wiederholung ist aber in Farbe und seitenverkehrt und, wenn richtig projiziert wird, entsteht eine leichte Überlappung zwischen dem s/w- und dem Farb-Bild. Eine Überlappung, die mitunter bei Kamera- und Bewegungsstillstand die Illusion eines einzigen, sich im Spiegel narzißtisch betrachtenden Raums zustandebringt. Der Zuschauer ist während der Projektion der Filme beständig versucht, dem Lauf der Handlung in Schwarz-Weiß links »aktuell« zu folgen; unterdes wird er dauernd von der ästhetischeren, süffigeren, später ablaufenden Farb-Version auf der rechten Leinwandseite von seinem Vorhaben abgelenkt. Die Neugier, wie sich die oder jene Szene nun in ihren Farb-Valeurs darstellen mag (und die sind oft schmerzhaft eindrucksvoller), zerreißt seine Rezeptions-Aufmerksamkeit zwischen schwarz-weißer Aktualität und kolorierter Vergangenheit, zwischen Neu-Gier und Nach-Kosten: der weiße Argilla-Lehm grundiert ihm sozusagen im voraus den »Goldgrund« künftigen Farbauftrags; aber Begriffe wie »vergangen« oder »künftig«, Untermalung oder Übermalung verlieren durch unsere Fähigkeit, das Zuschauerauge in der Zeit springen zu lassen, ihre chronologische Zuordnungsmöglichkeit. Wenn ich mit dem Auge rechts verharre, entgehen mir wieder links Partikel des Bilderflusses. Der Film wird für mich uneinholbar. So gibt es denn auch letztlich hier kein Zeit-Kontinuum mehr. In Stücke zerfällt mir diese Welt zeitlich (wie Argilla, ein »im Wasser in eckige Stücke zerfallendes Mineral« – Meyer), noch mehr durch die technische Reproduktionsmethode als ohnehin schon durch die Schroetersche Dramaturgie. Zusammengepreßt wird der vom Zuschauer herrisch geforderte simultane Rezeptionsakt (Aufmerksamkeit, die Fähigkeit, bei sich selbst zwischen den Zeit-Löchern hin- und widerdenken zu können) auf eine Halbminutenfrist ungefähr.

Dieser Doppel-Film wird auf die Wand geworfen wie ein Fresco. Der Frescomaler, der auf frisch-feuchten Mauergrund hastig seine Pinselstriche in Fehlfarben (wie Schroeter in Schwarz-Weiß) aufträgt, und dabei nicht weiß, wie sie in Kürze und in ihrer geplanten Farbmischung erscheinen werden, (gelungen oder mißlungen); der Künstler, der es mit Grundierung, mit Umbra, Siena, Argilla und anderen Tönen zu tun hat; dieser Künstler ist hier gleichsam der (schaffende, wissende) Filmmacher und der (vermutende, vorausahnende und zurückblickende) Zuschauer in einer Person.

Gewiß hat Schroeter dem Zuschauer voraus, daß er über technische Wiederholbarkeit, das Wissen und die Kontrolle über seine stets reproduzierbaren kinematographischen Mittel verfügt; dem Filmmacher und dem Frescomaler Schroeter jedoch hat der Zuschauer voraus, daß er sich frei in zwei Zeitebenen bewegen, daß er sich selektiv aus Bildern, Farben und Tönen seine eigene Filmvariante zu komponieren, zu formen vermag (und sei es gar mithilfe von Meyers Großem Konversations-Lexikon, 1903ff.). Daß aber in ARGILA methodisch, weit jenseits von vergleichbaren Doppelprojektions-Arrangements, die herkömmlichen Zuordnungen von Kreation und Rezeption außer Kraft gesetzt werden, macht diesen Film singulär. Magdalena Montezuma und Gisela Trowe sind, um Sigurd Salto gruppiert, mal als Mutter, mal als Geliebte deutbar. In beiden Rollen bedrängen sie den Jüngling mit Liebe, Eifersucht, peinigender Fürsorglichkeit und unheilsschwangeren Kassandrarufen wie »Wie blaß du bist! Bevor dieser Abend zu Ende geht, wird ein Unglück uns alle drei in den See der Verzweiflung stürzen!« oder »Bis vor kurzem habe ich nicht erkannt, daß du den Tod verkörperst, wenigstens für mich«. Es sind Sentenzen, teilweise von Lautréamont, die von beiden Frauen häufig, aber mit jeweils variierender Artikulation, wiederholt werden, die auch nicht den beiden Darstellerinnen personell zugeordnet sind, sondern von einer Kehle zur anderen wechseln. Sigurd Salto, in den Texten häufig als »Hans« angesprochen, ist aber, so statisch er wirkt und so passiv er erscheint, ebenfalls keine homogene Figur. Immerhin trägt er als stummes Idol gewisse gottgleiche Züge, die den beredten Frauen keinesfalls zukommen. Er ist als Todesengel interpretierbar (wie sehr auch selbst, in den Adressen der Frauen, todesgefährdet), als Hermes Psychagogos, der Totengeleiter. »Er blieb stehn und sah sich lächelnd um« (Text Gisela Trowe), und dann schrumpft Hans auf der Treppe plötzlich

Argila

zum kleinen »Bruder, der gestorben war«, kein Hermes mehr oder kein Tadzio, eher Orpheus, der sich entgegen dem Gebot »Dreh' dich nicht um nach fremden Schatten« aus dem Hades zu Eurydike umwendet, und dann ist er unversehens kein Geliebter mehr, nur noch ein winziger, durch wachsende Entfernung zusammenschrumpfender Bruder (mit »einem kleinen blonden Bart«).

ARGILA ist ein Lichtspiel über Licht und Schatten, über Leben und Tod, halb tönend, halb stumm, halb farblos, halb farbig. Über Irdisch-Irdenes, Materielles, Lehm des Daseins, und Immaterielles desgleichen. Der Kitt zwischen beidem ist Argilla, der Ton-Film. Magdalenas Versprechen gegenüber der »heißgeliebten Mutter«, daß sie »diesen Menschen nie nachahmen werde« (Lautréamont), wird von Schroeters Film jedenfalls nicht eingehalten. Da ist alles Mimesis, Anspielung, Vieldeutigkeit. Verblüffende Personenkonstellationen ergeben sich, wenn szenischer und Kamerarhythmus sich bis zum scheinbaren Stillstand verlangsamen, und die beiden Bilder wie durch einen Spiegel miteinander zu sprechen anheben, wenn die

Argila

Schattengrenze zwischen Vorherigem und Nachmaligem gelöscht erscheint, wenn die eine Seite auf die andere quasi hinübertaucht (so wie Marais durch den Spiegel ins Jenseits in *Orphée*). Dann kommen bizarre Momente einer Symmetrie zustande, wo der Mensch quasi seine transzendentale Gegenfigur erblickt und bewundernd betrachtet. Ambivalent erscheinen diese Konstellationen bei optischen Begegnungen von Magdalena Montezuma mit Gisela Trowe vice versa; man kann diese immerhin vage als auf den Partner bezogen deuten. Dann aber gibt es Augenblicke, da Sigurd Salto (etwa bei der Treppen-Szene) ausschließlich sich selbst zuwendet – nicht nur als Narziß, sondern doch wohl auch als unfaßliche Orpheus/Eurydike-Einheit in der Verdoppelung, die auf dem Weg vom Hades an die Oberwelt durch den An-Blick seine Komplementär-Hälfte wieder verliert. Gerade zu dieser Szenen-Kombination nämlich spricht eine der Frauenstimmen – Gisela Trowe – die Geschichte vom Mann, der sich unversehens auf Bruder-Geringheit reduziert, und die den betreffenden Mythos mindestens in seiner Travestie berührt.

Nicht nur Schwarz, auch Weiß bedeutet Tod (»wie blaß du bist«). Die Musik in ARGILA beschäftigt sich vornehmlich mit Düsterem. Der Schatten aber wird plötzlich leicht (»Ombra leggiera …« aus Meyerbeers »Dinorah«), und nach etlichen tragischen und sentimentalen Musikstücken von Verdi, Meyerbeer, Donizetti, Vivaldi, Beethoven, Liszt und Bruch, beginnt die Valente mit Carla im Bild ein triviales, aber zutreffendes Resumée des Films darzubieten: »Ich denk an dich und dein Schattenbild, das sich in goldne Schatten hüllt.« »Sonne«, »Sterne«, »der Hoffnung Glanz« und der »Freiheit Licht in der Ferne« werden genannt als doch eher hellere Vision – so ungreifbar sie auch sein mag.

*

VIRGINIA'S DEATH ist ein unveröffentlichtes Fragment aus dieser Zeit, dessen Exposé in der Schmid/Scurla-Dokumentation in Deutsch und partiell auch in Englisch wiedergegeben ist. Der Exposé-Text bezieht sich nach Auffassung der Herausgeber auf E. A. Poe, seine ätherische Cousine Virginia (die er geheiratet hatte), auf Poes sprach-artistisch und -architektonisch überaus rational komponiertes Gedicht »The Raven«, über die Namensähnlichkeit von »Lenore« (The Raven) auf »Leonore« (in Beethovens »Fidelio«), ferner auf die keuschen Wald-Frauen Melusine und Ginevra. Insgesamt also (nimmt man »Herzeleide«, Parsifals Mutter, als Wald-Frau assoziativ noch hinzu) auf sehr kunstvolle, dem Leben recht entfernte Gebilde.

Eika Katappa. 1969

Ein Film, den man Schroeters Triumphschrei nennen könnte, einen ekstatischen und exzessiven Temperamentsausbruch nach Zeiten kaum beachteten Künstlerdaseins. Vor allem aber ist mit EIKA KATAPPA Schroeter der lang ersehnte Ausbruch ins Mediterrane geglückt. Von VERONA und CALLAS an wollte er, ein Arkadien mit der Seele suchend, hinaus aus nördlich-germanischen Breiten. Selbst wenn er Wagner singen läßt, dann auf Italienisch (LA MORTE D'ISOTTA); auch seine MACBETH-Adaption, später, wird sich mehr an Verdi als an Shakespeare orientieren. Der Zwist zwischen Nähe und ersehnter Ferne wird in fast allen seinen Arbeiten ausgetragen.

Zwischen dem nibelungischen Xanten, zwischen Konnersreuth einerseits und der Engelsburg, Neapel, Capri andererseits sucht er in EIKA KATAPPA sich seine Schauplätze. Obwohl der Tod in diesem Film als Drohung und Drama in allen seinen Formen gegenwärtig ist, erscheint er doch unter südlichen Himmeln weniger ernst, dafür theatralischer: das Kreuz des Südens ist allemal leichter zu (er)tragen als das des Nordens. EIKA KATAPPA, eine Art Pandaemonium christlich-abendländischer Kultur, läßt sich von Nord willig nach Süden treiben, und findet dort immerhin eine Art vorläufigen Ziels.

Dieser Eindruck wird entschieden gestützt durch die den Film tragende Musik: es sind die Musiken der großen italienischen Oper (aber auch der fernwehsüchtigen Valente-Schlager), zu denen Pathos und Gestus der Tragödien des Südens inniger korrespondieren als jene des Nordens. Wiewohl Schroeter Mythen des Nordens (Nibelungen) und Sequenzen, die er in Deutschland drehte, mit denen des Südens immer wieder zusammenrafft und -collagiert, so ist in der Entwicklung und Wirkung der Motive von den Teilen I und II einerseits zu denen bis Teil IX andererseits eine gewisse Sympathieverlagerung auf die romanischen, mediterranen unverkennbar. Auch die Musik kommt, wie gebrochen auch immer durchs Bild, mehr und mehr zu sich selbst. (Wie wäre es sonst zu erklären, daß eine gewisse Spröde, wie sie etwa in der Nibelungen-Episode auffällt, später nicht mehr wahrnehmbar ist?)

EIKA KATAPPA wird im Verlauf seiner Entwicklung immer leichter, rhythmischer, enthusiastischer (vielleicht noch nicht einmal durch die Montage, sondern möglicherweise nur im Bewußtsein des Zuschauers). Die Impression zumindest findet, quer durch den Film hindurch, vom »feuchten Norden«, dem »Wasserdampf« zu dem, »was wir (...) bei Wagnern vermissen – ›la gaya scienza‹; die leichten Füße; Witz, Feuer, Anmut; die große Logik; den Tanz der Sterne; die übermütige Geistigkeit; die Lichtschauder des Südens; das glatte Meer – Vollkommenheit«. Streichen wir einmal verschiedene Obertöne wie die »Vollkommenheit« (aus Nietzsches Bizet-Hymne in »Der Fall Wagner«), die auch fürs 19. Jahrhundert mit seinen noch relativ unerschütterten ästhetischen Ordnungsbegriffen und selbst für »Carmen« recht übertrieben anmuten und die mit den Schroeterschen Dramaturgie-Prinzipien wenig Konversation pflegen, so beschreibt Nietzsche doch verblüffend

ein Gutteil der »übermütigen Geistigkeit« und der Faszination von Schroeters Wander-Film oder Film-Wanderung.
Der Titel EIKA KATAPPA kann, aus verballhorntem Griechisch, mit »Verstreute Bilder« übersetzt werden. Schroeter selbst wagte Schmid/Scurla gegenüber die Version »Süßer Honig – im Türkischen«; sie war leicht als Mimikri- und Verwirrungs-Manöver des Filmmachers aufzudecken. Mit EIKA KATAPPA endet Schroeters Titelverschlüsselungs-Spiel; alle folgenden Film-Überschriften sind eindeutig.
In EIKA KATAPPA inszeniert Schroeter erstmals klar voneinander trennbare, erkennbare Szenen aus Religions-, Mythen- und Opern-Ikonographie zum Text oder Musik-Text, oder jeweils auch asynchron. Während in den vorherigen Arbeiten die Vagheit möglicher oder geforderter Anspielungen immer noch den Rückzug des Interpreten auf seine Zitatkenntnis, seine assoziative Phantasie oder auf Etiketten wie »theatralisches Kaleidoskop« zuließ, ist er jetzt durch Musik- und Bildinhalte auf diese selbst verwiesen – so willkürlich sie auch immer zueinander montiert scheinen. Schroeter benennt hier Quellen, er läßt nicht mehr nur Mutmaßungen raunen.
Schroeter spricht in einer Synopsis des Films von neun Teilen. Der erste Teil ist vorwiegend von religiösen Bildern des Martyriums, der Trauerklage, der Anbetung und der Grabtragung bestimmt. Das erste Bild zeigt blutbefleckt das Antlitz einer Therese von Konnersreuth, das zweite einen zwischen Bäume gefesselten Hl. Sebastian (wenn auch ohne Pfeile). Das Vorspiel aus »Rigoletto« (ein Vater verliert seine Tochter) und Takte aus Pendereckis »Stabat Mater« (eine Muttergottes verliert ihren Sohn) bilden dazu symmetrische Korrespondenzen. Auch der darauf folgende »Tango Violetta«, getanzt von zwei Frauen (»Oh du mein Alfred ...« – eine »Traviata«-Travestie) bedeutet eine Art hingebungsvollen Anschwärmens. Personelle Identitäten verwischen sich wiederum, wie schon in früheren Filmen. Die Musik ist sowohl inhaltsbezogen (Beethovens Trauerkantate auf Joseph II.) als auch rein atmosphärisch (Penderecki, »Anaklasis«) besetzt. Ein Callas-Photo – Amelia in »Die Macht des Schicksals« mit breitkrempigem Hut – wird travestiert in eine nachgestellte Terzett-Szene aus »Ernani«, der Todesszene, in der Magdalena Montezuma als Elvira den gleichen Hut trägt (wie auch später in MACBETH die Lady). Zur Stimme des klagenden Vaters (siehe Teil 7) er-

Eika Katappa

scheint abschließend eine Art Himmelfahrtsgruppierung (außen) und eine Dreiergruppe (innen) vor blauglitzernder Metallfolie, wobei ein Mädchen, eine Uhr aufziehend, vor dem unaufhaltsamen Ablauf der Zeit warnt: ein Vanitas-Motiv.
Wie die Teile 1, 3, 5, 7 und 9 capriccio-artig und variationenreich offen sind für vielfältige Assoziationen und Improvisationen, so halten sich die Teile 2, 4, 6 und 8 streng an thematische Überschriften. Sie heißen: Nibelungen, Rigoletto, Tosca, La Traviata. Von diesen vier Kapiteln ist freilich nur das erste als mit mythischem Hintergrund kategorisierbar; die Verdi-Partien beschreiben feudale und großbürgerliche Intrigen-Tragödien.
Die Liebes-Tod-Geschichte zwischen Siegfried (Sigurd Salto; der Sebastian von Teil 1) und Kriemhild (Magdalena Montezuma; die Therese von Konnersreuth u. a. des Anfangs) spielt sich auf wenigen, zuvor nicht gezeigten theatralischen Schauplätzen ab; Unglücks-Vorahnung (»Ach, ich habe Angst um Siegfried«), Erinnerung oder Darstellung vergangener Glücks-Momente, die Beklagung des aufgebahrten Toten und

dessen Ermordung und Kriemhilds Fluch stellen sich in lockerer zeitlicher Diskontinuität jeweils gegenseitig infrage. Einem der zahlreichen Nibelungen-Dramen des 19. Jahrhunderts zwischen Fouqué, Geibel und Hebbel dürften die Kriemhild- und Siegfried-Worte entnommen sein.
Teil 2 besteht nur aus Außenaufnahmen: Treppen und Bühne eines amphitheatralischen Freilichttheaters (in Heidelberg), die Treppe eines kleinen, durchaus nicht monumentalen Seitenportals eines Doms, ein Steinbruch als Szenerie von Siegfrieds Ermordung durch Hagen. Kriemhild (Magdalena Montezuma) erscheint durchwegs als Person, auf die sich hauptsächliches Interesse konzentriert, Siegfried und Hagen fungieren eher als Staffage, als Requisit-Personal des uhrwerkhaft funktionierenden Verhängnisses. Die bekannte politische Eifersuchts- und Kampfszene zwischen Kriemhild und Brunhild vor der Dom-Freitreppe, um das Recht des Vortritts, ist lediglich in der optischen Präsenz verschiedener Treppen in Erinnerung gebracht. Alle Schauplätze wirken düster, sonnenlos. Die Tonspur collagiert etliche Textpartien (»Angst um Siegfried« – »Verfluchter Verräter«) zusammen mit Bitt- und Fürbitt-Arien (Ersuchen um Zuflucht im Kloster aus »Die Macht des Schicksals«, Leonores »Miserere«, eine Fürbitte an Graf Luna für den Gefangenen Manrico aus »Troubadour«, und dem Sterbewunsch »rendete mi la speme, o lasciate mi morir«

Eika Katappa

aus Bellinis »Puritanern«), mit Penderecki-Atmosphärismen und, im Moment der Erinnerung an glückliche Liebe, dem »Habañero«-Lied der Valente.

Teil 3 entwirft das tragisch-banal scheiternde Schicksal einer Sängerin, die, zwischen Unterhaltungs- und Primadonnenkunst nicht festzulegen, eine Art archetypischer Star-Existenz darstellt (Carla Aulaulu). »Wie in einem Film« laufen hier vor und nach Sterbeszenen Erinnerungsszenen an verflossene Glücks- und Unglücksmomente zusammen. Noch zu Anfang wird die Freilichttheater-Kulisse aus dem Nibelungen-Teil mit heutigen Darstellern wieder aufgenommen, dann aber mit Bar-, Bahnsteig-, Bauernhof- und Landstraßen-Schauplätzen – solchen von Herkunft, Abschied (Abdankung) und Sterben gemengt.

In der Musik- und Textcollage (»Ich werd' dich nie – nie – nie – nie vergessen«; »An der schönen blauen Donau«; Hundegebell als Reminiszenz an den Lautréamont-Text in ISOTTA) fällt eine Koloraturarie der wahnsinnigen Ophelia aus Ambroise Thomas' »Hamlet« auf, die zu einer Star-Travestie der mechanischen Puppe Olympia (Aulaulu) paßt, die wie eine Uhr immer erneut aufgezogen werden muß. Damit wird die Verwandtschaft von Star, Maschine (Olympia) und Wahnsinn mitsamt seiner mechanischen Koloratur-Arienkunst (Ophelia) hergestellt. »Life is very precious, even right now«, beteuert Carla.

In Teil 4 (»Rigoletto«) personifiziert Magdalena Montezuma (Hosenrolle) den buckligen, tragisch genarrten Hof-Narr, dessen Tochter Gilda ein Raub von Intrigen und Mißverständnissen wird. Wie in Teil 2 (Kriemhild) gilt die mitleidsvolle Anteilnahme mehr dem Hinterbliebenen als dem Opfer selbst, dem betrügend-betrogenen Vater mehr als der Tochter. Schroeter inszeniert, gleichgültig gegen die zeitliche Kontinuität, paradigmatische Szenen aus »Rigoletto«, immer außen, vor Arkaden, Mauern, Basteien, Söllern. Bildbeherrschende Figur ist, selbst im »Abseits«-Spiel, Montezuma/Rigoletto, die durchwegs unheimlicher und gefährlicher wirkt als die Intriganten selbst; je klarer sie verliert, je grotesker ihr Beiseits-Sprechen und Singen wird, umsomehr verschwinden die blassen und banalen Mit-Akteure. Die Musik stammt, bis auf eine euphorisch wirkende Liebespaarszene (diesmal mit Strauß' »Schöner blauer Donau«) aus »Rigoletto«.

Eika Katappa

Teil 5 nimmt zunächst mit Sigurd Salto, auf einer Landstraße taumelnd und zusammenbrechend, Verweise auf die Teile 1, 2 und 3 auf. Die folgenden, zahlreichen Episoden in der Mitte von EIKA KATAPPA werden verwoben zum apokalyptischen Bild der Metropole als menschenverzehrender Maschine. Tod und Sterben junger Männer erscheinen eher von einem anonym waltenden Verhängnis befohlen als durch personelle Beziehungen (etwa zu einer Schwarzen Dame) oder Eifersucht und Liebesmord. Die Stadt Rom, eine Metropole besonderer Art, ist hier mit einem genius loci begabt, der eben nicht Verkündung und Heil meint, sondern, wie bei Buñuels *L'âge d'or,* Leid und Tod.
Verschiedene Monumentalgebäude werden als symbolisch-unheilvolle Orte Subjekte von Handlung. Das Nationaldenkmal für Vittorio Emmanuele II., bräunlich in der Nacht, von der Seite aufgenommen, wird in Schroeters Synopsis (Schmid/Scurla) zum »secret and forbidden castle of the Venusian Government in Rome« deklariert. Während »Venusian« mit Ve-

nusia/Venosa, der Geburtsstadt des Horaz, nicht viel zu tun zu haben scheint, drängt sich die etymologische Assoziation an »Venus« viel schlüssiger auf; und wenn deren Schloß als »heimlich und verboten« beschrieben wird, so ist nicht weniger an das Château de Selligny des Duc de Blangis aus de Sades »Die hundertzwanzig Tage von Sodom« zu denken als eben an Buñuels *L'âge d'or,* vor allem an dessen Rom-Beschreibung und das »impregnable castle« (Classic Film Scripts, Lorrimer, London, 1968). Zur Deutung dieses und anderer Bauwerke trägt weniger der Schnörkel bei, daß bei de Sade/Buñuel der Schloßherr »Duc« de Blangis hieß und der Erbauer des Vittorio-Emmanuele-Denkmals der »Duce« war, sondern eher ihr Maschinen-Charakter. Es heißt jenes Nationaldenkmal im Volksmund wegen seiner halbrunden Terrassenform »Schreibmaschine«. – Die Düsternis der Szenerie wird, bei ihrem ersten Erscheinen, betont durch eine Callas-Arie aus Bellinis »Puritanern«, wobei von Nacht und Verbrechen die Rede ist (»Vien diletto e in ciel la luna«). Zu weiteren Einstellungen vom Denkmal ertönen Beifall, Straßenlärm und Buhrufe, Strauß' »Donau«-Walzer als Begleitmusik imaginärer Orgien, und auch die grimmig travestierte Zufluchtsbitte der Leonore, die ins »santo asilo« strebt (»Macht des Schicksals«), wobei die Burg des Marquis als Kloster erscheint, sowie, ein weiterer möglicher Verweis auf Buñuel, »De Espagña vengo« von Concita Supervia.

Andere Darstellungen von Maschinen und Mechanik (siehe Carla als Ophelia/Coppelia in Teil 3) sind die Zeitraffer-Aufnahmen des Denkmals, die vor diesem die Lichter von Autos vorüberrasen lassen, der Galleria Umberto I (Neapel; hier sprengt der Film seinen Rom-Bezug), in der größte Blende und kleine Bildzahl pro Sekunde die Passanten wie überdrehte Spielzeugpuppen über den Marmor jagen. Eine Fabrik in Grau mit weißem Schornsteindampf, vor der Salto in Zeitraffer und in Zeitlupe, auf einer Mauer liegend, den Arm mal schneller, mal langsamer pendeln läßt, wird zusammen mit Salto selbst zum Inbild mechanisierter Existenz. Die Uhrpendelbewegung deutet hier sowohl auf die Lebensuhr, die in diesem Film verschiedene Male aufgezogen wird, wie wohl auch möglicherweise auf masturbatorische Bewegungen als Kommentar zu entfremdeter Sexualität und dem Venusianischen Regierungsgebäude. Die menschenfressende Schreib-

und Fabrik-Maschine ist auch eine Zeitmaschine. Mit Kafkas (urteilsschreibendem!) Folter- und Tötungsautomat »In der Strafkolonie« mag sie eine hintergründige Verwandtschaft teilen.

Diesen Symbolen, die Schroeter als Verursacher einer »Katastrophe von biblischen Dimensionen« deutet, stehen neben Callas-Photos einige Idole, Bilder und Musikausschnitte gegenüber, die eher erdenthoben, unirdisch wirken, so Florestans Vision vom »Engel im rosigen Duft«, der aus der Zitadelle in »Fidelio« vielleicht hinüberweist auf die Engelsburg des hl. Michael im folgenden »Tosca«-Teil. Einem ominösen, nur in Schroeters englischer Synopsis genannten »young austrian airforce officer« (Florestan? Franz aus *Senso*?) ordnet Schroeter die Arie der Leonore – nicht aus »Fidelio«, sondern dem »Troubadour« zu, »tu vedrai che amore *in terra* ...«. Später sind Vogelgezwitscher, Flieger- und Bombenlärm zu hören. Einstellungen auf die Heiligen über den Bernini-Collonaden erinnern an die Zeppelin-Aufnahmen aus *L'âge d'or* wie auch formal an ähnliche Bilder aus VERONA (und, notabene, in Verbindung mit *L'âge d'or* an die merkwürdigen Insektenaufnahmen in VERONA). Freilich schließen sich diese ikonographischen Verweise nicht zu einem Antisystem gegen die Welt der menschenfressenden Maschine zusammen; vielleicht sind sie sogar Teil derselben.

Eika Katappa

Den Schauplatz für den »Tosca«-Teil (6), die Engelsburg, in der Schroeter nicht drehen durfte, ersetzt er durch verschiedene Außenschauplätze (Berghang, Wald, Tor etc.) und evoziert ihn durch Bilder des hl. Michael mit Schwert. In nicht immer chronologischer Reihenfolge und mit Einstellungs- und Musikwiederholungen stellt Schroeter szenisch-musikalische Höhepunkte aus der Puccini-Oper nach, wobei erneut auffällt, daß Schroeter nicht die beliebten ariosen Haupt- und Staatsaktionen (»Vissi d'arte«, »E lucevan le stelle« etc.) ausgewählt hat, und daß ihm der Kampf der Tosca mit Scarpia wichtiger erscheint als die Liebe zu Mario Cavaradossi; also die Haßliebe interessanter als die idealisch-blasse.

Dieser 6. Teil beginnt mit dem angedeuteten Selbstmord-Todessprung der Tosca von der Zitadelle der Engelsburg (Schlußszene), begleitet von der Arie »O Scarpia, avanti a Dio« (während derer Tosca den Polizeipräfekten erdolcht); ihm folgt (in der Musik) die vorausgehende Szene, (im Bild) die Ermordung Scarpias. Rückblicke auf Teil 1 (Klageweiber, Bahre) laufen asynchron zur Exekution Cavaradossis (in der Musik), während dieser selbst (Peloton, rosa Himmel – siehe die Vision des Florestan aus Teil 5) vom »Donau«-Walzer Strauß' akkompagniert ist. Toscas Selbstmord-Sturz wird primitiv, aber wirkungsvoll mit einem Kamera-Reißschwenk nach unten, der die Suizid-Simulantin oben am Bildrand verläßt, suggeriert. Michael, der Würgeengel mit Schwert, ist in der Ikonographie einer, der den Satan in den Abgrund stürzt. Gehen wir fehl in der Vermutung, daß Schroeter, der zum Michaelsbild am Ende dieses Teils auch noch Applaus aufbranden läßt, die sich selbst mordende Tosca mit dem stürzenden Engel in Verbindung gebracht haben will?

Im Teil 7 raubt ein junger Mann (Mario) in Neapel einen anderen jungen Mann (Carlo) seiner Familie und entführt ihn in ferne Gefilde. Mario ist dabei in »der Gloriole seiner dunklen Locken« (Schmid/Scurla) durchaus nicht nur ein Fremder, als welchen ihn der Vater Carlos mißtrauisch erkennt, sondern auch eine metaphysische Person, ein Charon oder Hermes Psychagogos oder Zeus, der Carlo (wie Zeus den Ganymed) aufs jenseitige Ufer übersetzt. Die Namensidentität Mario/Mario Cavaradossi mag für Schroeter für die Kontinuität von Teil 7 zu Teil 8 reizvoll gewesen sein; der Zuschauer tut dem Film nicht unrecht, wenn er sie vernachlässigt.

Nach einer kurzen Vorstellung von Mario, Götter anbetend, und dem Stehkader gefesselter Hände mit purpurroten Rosen in ihrer Mitte (einer Postkarte?), läßt Schroeter den Streit zwischen Carlo und seinem Vater anheben. Der Vater (O-Ton) wirft Carlo im kleinbürgerlichen Zuhause-Décor Mangel an Familiensinn vor, Faulheit, schließlich sogar den Diebstahl gemeinsamer Spargroschen. Schöne und banale Einstellungen aus Neapel (die Säulenhalle, halb die Piazza Plebiscito umgreifend, Hafenkräne, Verkehrsflächen, Autoströme, Trambahndrähte, Straßenlärm) stehen Signalen des Jenseits gegenüber: die Gipsausgüsse der Hohlräume physisch entschwundener Toter aus Pompeji; ein Christus-Denkmal hinter profanen Straßenbahn-Leitungen. Trotz der Warnungen des Vaters und dessen Vorwürfe (Carlo habe 5000 Lire aus dem Schrank geklaut – als Obolos nach »drüben«?) entfernt sich dieser wortlos und mechanisch. Er folgt Mario nach wie fremdgeleitet. Mozart-Musik (G-Dur-Klavierkonzert) umspielt den mysteriösen Tod Carlos in der Gosse einer Küstenstraße, deren linker Rand das Mittelmeer ist. Der Vater findet und trägt Carlos entseelten Körper. Die Einschiffung des Corpus (über den Styx? ins Jenseits?) durch Mario führt nach Capri; Eichendorffs »Im Abendrot« (Strauss' »Vier letzte Lieder«) erklingt sehr lange. Ein Wiesenhang über Anacapri (Monte Solaro; dort blühen, will man Reiseberichten glauben, oberhalb der Ausblicke auf die Faraglioni-Klippen, die Asphodelen-Blüten, weiße Dolden-Gewächse, der Persephone geweiht, die man dem Totenreich zuzuordnen pflegt). Trauerklagen von Vater und Mario; eine Art Requiem. Gegenüber den O-Ton-Sequenzen der Monologe des Vaters und dem Strauß-Lied entschwinden die anderen Ton-Sequenzen ein wenig ins Illustrative.
Die alternde Kurtisane Violetta aus »La Traviata« (Teil 8) wird hier nun einmal nicht mit der Metapher der ablaufenden Uhr in Verbindung gebracht, sondern mit der herabbrennenden Kerze (siehe Fritz Langs *Der müde Tod*). Dennoch ist Violettas Schicksal sozial bestimmt, und Mythisches spielt darin, anders als in manchen vorausgehenden EIKA-KATAPPA-Partien, keine Rolle. Ebensowenig die Außenplätze. Teil 8 – Kamera: Robert van Ackeren – bleibt im Interieur. Die Überzeugungskraft dieser Traviata-Paraphrase stützt sich auf Gisela Trowe als Violetta. So delikat, wie diese Episode auch

Eika Katappa

gefilmt sein mag, so unmetaphysisch stellt sie sich dar: jener häßliche gesellschaftliche Unfall aus der Zeit des II. Kaiserreichs bleibt hier für sich, wie auch die Verdi-Musik.
Teil 9 von EIKA KATAPPA, die Stretta, ist so etwas wie ein Resumé, ein kinematographischer Feuerzauber mit optisch-akustisch auf- und abflackernden Fehlfarben, eine freche Summe aller möglichen Zitate aus den vorausgehenden Film-Partikeln und -Sequenzen, eine Zusammenfassung aus all dem Vergangenen, Vorher-Gesehenen, seinen geheimen und auch seinen erkennbaren Story-Mustern.
In diesem Teil, den man, nach einer seiner Musiken, auch »Save the last dance for me« nennen könnte, werden die Zitate, die ohnedies über den ganzen Film hinwegwimmeln, in extremer Formalisierung und Raffung quasi Über-Zitate ihrer selbst. Der Wirbel der Bilder und Töne, währenddessen Totgeglaubte wieder auferstehen und Vergessenes wiederkehrt, dementiert tragisches Bewußtsein, Determinismus-Gedanken in der »Geste der Todesverhöhnung« (Ulrich Kurowski). Die Macht des Schicksals wird da zur Ohnmacht, wo das lebende kinematographische Bild physische Realität immer wieder zu repetieren, zu retten vermag.
Sogar die geradezu endlos eingeschnittenen Callas-Portraitaufnahmen verlieren hier ihren Über-Ich-Charakter, wenn ihnen Schroeter in einer Anacapri-Einstellung sich selbst als metteur-en-scène, als Leiter und Hersteller dieses Films, entgegenstellt. Kein Zweifel: das Theatralische, das Spiel selbst, und die Methoden seiner kinematographischen Formung besiegen das Tragische, Todessüchtige.

Der Bomberpilot. 1970

DER BOMBERPILOT ist Schroeters fast vergessener, zumindest am seltensten genannter Film aus der dauerhaften Produktions-Zusammenarbeit mit der Redaktion Kleines Fernsehspiel des ZDF. Der Umstand, daß dieser Film oft übergangen wird, mag damit zusammenhängen, daß man Schroeter nicht so recht traute, wenn er sich mit zeitgeschichtlichen und sozialen Sujets beschäftigte. Der Kulturschutt- (oder Opern- oder »Champagner-«) Schroeter erschien, mittlerweile schon kodifizierbar, leichter verdaulich als der, der sich über vage oder ver-

Der Bomberpilot

Der Bomberpilot

flossene Zeit-Situation hinaus ins Historisch-Soziale des 20. Jahrhunderts begibt. DER BOMBERPILOT ist freilich keines seiner Meisterwerke; dennoch erstaunt es, daß nach der Ausstrahlung von NEAPOLITANISCHE GESCHWISTER (oder auch DER SCHWARZE ENGEL) DER BOMBERPILOT als möglicher thematischer Vorläufer so ganz verschwiegen wurde.

DER BOMBERPILOT erzählt völlig linear die Geschichte dreier Frauen mit künstlerischen Ambitionen zwischen Hitler- und Adenauer- oder Eisenhower-Ära. Thema ist also nicht nur ein tragikomischer Konflikt zwischen Kunst und Politik, sondern auch zwischen trivialen und »hohen« Künsten und zwischen den trivialen und den katastrophalen Auswirkungen von Politik auf jene Künstler-Karrieren. Orientierungslos zwischen allen Fronten tingeln die Artistinnen und Kunst-Priesterinnen Carla (Zuckerbäckerin und Soubrette von »Wiener Blut«), Mascha (Schönheitstänzerin; eine fragile Jugendstilfigur) und Magdalena (Kirchenmalerei-Restauratorin, Reichsvolkshochschullehrerin und Schlangentänzerin). Hinfällig sind sie alle zusammen: Mascha durch einen Nervenzusammenbruch,

Magdalena durch den Tod des »Führers«, der sie in einen vergeblichen Selbstmordversuch treibt, Carla durch eine Fehlgeburt.
In ihrem Streben nach dem Höheren scheint es den drei Müttern Courage zwischen KdF und USA absolut logisch, sich in den Vereinigten Staaten plötzlich vehement für die Rassen-Integration einzusetzen; ein Unternehmen, das ebenso grimmig scheitert wie alle ihre anderen Bemühungen um die Darstellenden oder Schönen Künste.
Wenngleich die kabarettistische Note im BOMBERPILOT, die gar zu eleganten Décors, die glatte Photographie (van Ackeren?), die Redseligkeit der Texte (gab es da eine Mitarbeit Rosa von Praunheims?) Schroeters eigenen Stilkodex mitunter befremdlich zu übersteigen scheinen, so ist DER BOMBERPILOT doch ein Kommentar zu Schroeters interessevollem Wohlgefallen am Künstlertum. Scurla bezeichnet Schroeters »nicht ganz seriöse ›Nazioperette‹« (in Anspielung auf Schroeters Rezension von Viscontis *La caduta degli dei)* als »eine Mischung aus Bildungsprogramm und Durchhaltefilm«. Zum Bildungsprogramm gehört auf jeden Fall, daß der Bomberpilot selbst im Film gar nicht als handlungsbestimmende Person auftaucht (ebensowenig wie Ionescos »Kahle Sängerin« im

Der Bomberpilot

gleichnamigen Stück). Elisabeth Schwarzkopf, eine keinesfalls kahle Sopranistin, wird (ungleich der sonst omnipräsenten Callas) nicht durch Schroeter, sondern durch Magdalena Montezuma anhand dreier Photographien jeweils unterschiedlich beschrieben. Mit jener Monolog-Passage, die Schroeters kinematographische Bild-Vorführung der Callas fast ad acta legt, zitiert der Filmmacher ein letztes Mal indirekt jene Texte aus CALLAS TEXT MIT DOPPELBELICHTUNG/MARIA CALLAS PORTRÄT, hier aber, durch die VHS-Emphase der Montezuma, geradezu ironisch. (Soweit bei Schroeter freilich, mit aller Vorsicht, von Ironie überhaupt die Rede sein kann).
Beachtenswert bei diesem Film könnten die Vorausverweise auf WILLOW SPRINGS sein, und möglicherweise auch auf Fassbinders *Die Ehe der Maria Braun.*

Salome. 1971

Schroeters absolut geschlossenste und virtuoseste Arbeit, gestellt in die Einheit von Ort, Zeit und Handlung. Die Erzählzeit entspricht genau der erzählten Zeit. Schroeter hat den Einakter von Oscar Wilde geschickt gekürzt und auf und neben einer Freitreppe im Tempelbezirk von Baalbek inszeniert. Schroeter dirigiert Robert van Ackerens Kamera auf nur ganz

Salome

wenige Positionen. Die Anordnung der Schauplätze und die Bewegungsregie der Figur auf jener theatralischen Tempel- und Treppen-Bühne ist derart simpel wie auch geschickt gewählt, daß van Ackeren vom Stativ aus mittels Zoom und Schwenk in äußerst lebendiger Bewegung vom einen Ort zum anderen zu reichen vermag, daß er aus halbnaher Einstellung durch Rück-Zoom hinzukommende Akteure ins Spielfeld einbeziehen kann und daß er auch flankierende Nebenschauplätze links und rechts in zwanglosem, aber äußerst exakt berechnetem, fließendem Ablauf anvisieren kann.
Schroeters herbe, schöne Salome, Mascha Elm-Rabben, erscheint sehr rein und mechanisch wie eine Marionette; ihr Handlungsantrieb entfaltet sich aus ihr selbst, wird eben nicht durch neidvolle, dynastische oder politische Drahtzüge des Herrscherpaars Herodes (Magdalena Montezuma) und Herodias (Ellen Umlauf) provoziert. Diese Salome ist viel mehr Kind und bockig stummer Trotz, als es uns unser primäres Salome-Erlebnis von der Opernbühne (verschleiert durch die auf raffinierte Weise doch oft nur banale Strauss-Musik) jemals mitzuteilen vermöchte.
Schroeter war klug genug, dem üppigen Parfum des (schon reduzierten) Wilde-Texts nicht auch noch Strauss-Musik im Übermaß hinzuzufügen. Er reduziert, läßt Hörer- und Zuschauer-Erwartungen ins Leere laufen, stellt erhoffte Musik in

Salome

unverhofften Kontext, narrt und erfreut sein Publikum mit bizarr-virtuosen Bild-, Ton- und Musik-Montagen.
»Collage« als Rechtfertigungsbegriff aus der Pop-Art-Zeit braucht hier nicht bemüht zu werden: Auf bewundernswürdige Weise paßt hier Musik und der Rhythmus ihres exakten Einsatzes zum Rhythmus der Bilder und ihrem kalkulierten Wechsel. Orient und Okzident werden – auf befremdliche Weise: natürlich – miteinander in Beziehung gesetzt, nicht paradoxer als es die Ästhetik Oscar Wildes schon leistete. Wenn Schroeter sogenannte »primitive« Musik (libanesische Volksmusik oder auch »La Paloma«) mit Richard und Richard (Wagner und Strauss) oder Strauß und Strauss (Johann und Richard) und Klassizistisches von Gluck mit Romantischem von Verdi mischt, so versucht er nichts anderes, als im Stoff der Vorlage wie auch in seiner eigenen Arbeit resumierend die verblüffenden, immer vorhandenen Kontraste bizarr zu versöhnen. Das geschieht schon anfangs. Wie schön sei die Prinzessin Salome heute nacht; der Halb-Dialog zwischen Narraboth und Page wird, wie alles Geschehen, Bühnen- und Beleuchtungseffekten entrückt, in vollem Sonnenlicht gezeigt. »Der Mond ist wie der Mond« – eben nicht; hier ist er Sonne, und gar nicht unheimlich. (Aber auch in der Bochumer Inszenierung der »Salome« hatte Schroeter den Mond als Requisit nicht zum Menetekel gemacht, sondern zum Popanz.) Was vom Firmament mitunter drohend, wie eingeplant, herabschallt, sind die Düsengeräusche der großen Passagiermaschinen vom Beiruter Flughafen; und mit Sicherheit hat Schroeter bei der Auswahl der Muster das Jet-Getöse nicht nur der Not gehorchend, sondern, so er alternative Einstellungen hatte, bewußt gewählt. Und sollte Schroeter keine Möglichkeit zum Nachsynchronisieren gehabt haben, so wirken doch die Flugzeuggeräusche immer als bedrohliche Lautzeichen der Endzeiterwartung, als zeitgenössische Kommentare zu den Unheilsvisionen des Jochanaan, der vom Messias kündet.
Hohes Wort-Tönen wechselt mit Geschwätz der arabischen Jochanaan-Wärter (schön wäre es, zu erfahren, was diese, unseren Ohren unverständlich, tatsächlich sprachen). Der Tor-Sturz, unter dem Jochanaan erscheint, ist wie ein Joch.
In einer sehr langen Einstellung ohne Schnitt wird der erste Dialog Salomes mit Jochanaan entwickelt. Beide sind in Weiß gekleidet (»dein Leib ist weiß«). Jochanaan, der sie nicht an-

Salome

blickt, wirkt ebenso androgyn wie auch sie. Hier läßt Schroeter Strauss' »Salome«-Musik ganz exaltiert aufrauschend die Handlung übernehmen, die Sprecher zu Mundbewegern verstummen; Musik singt asynchron den Streit der Protagonisten, bis eine Zoom-Rückwärtsbewegung uns den Selbstmord des Narraboth enthüllt, der aber den musikalischen Fluß kaum unterbricht. Da die Sopranistin in der Strauss-Partitur eine kurze Pause hat, beginnt die Salome-Schauspielerin melodramatisch singend, mit ihrer Sprechstimme dem gesamten Opern-Kosmos konkurrierend: »Ich will deinen Mund küssen«. Schroeter fordert hier nicht ein Duett mit der Oper, sondern ein Duell. Aber die Textur seiner Montage rafft alles zusammen. Eine bewundernswürdige Bildbau-Arbeit leistet er auf der Baalbek-Treppe mit den Herrschern Herodes und Herodias links oben, Salome rechts oben, mit zwei weißgekleideten Wärtern etwa in der Mitte, und, ganz unten rechts, dem trauernden Pagen, schlaff über den toten Narraboth gelagert – ein Bild, das wohl bei Max Reinhardt oder Piscator möglich gewesen sein mag. Ebenso aphoristisch wie Wildes Text, der aus vielen zitatwürdigen Reflexionen besteht (»Nur kranke Menschen träumen«, »Sie sagen, daß die Liebe bitter schmeckt«), verfährt Schroeters Assoziationsmethode, wenn sie etwa einen südamerikanischen »La Paloma«-Song, das Lied von der Taube, der Textstelle voranstellt »Ich höre, wie ein riesiger schwarzer Vogel über die Terrasse schwebt« und damit wohl auch auf eine spätere Textstelle (mit den »weißen Pfauen«) anspielt.
Wie unschuldig Salome ist, zeigt Schroeter, wenn Salome beim Umkleiden vor ihrem Tanz arglos sämtliche Gewänder fallen läßt und so praktisch den Höhepunkt der tänzerisch-zeremoniösen Entkleidung bereits vorwegnimmt. Der Tanz der sieben Schleier selbst, von karger arabischer Musik begleitet, wird von Salome sehr steif schreitend und ganz unsinnlich absolviert, wie in festen, hofüblichen Schranken: Salomes werbender »Tanz« war also in Wirklichkeit vorher die üppige, musikalisch-theatralisch reich besetzte Nummer »Ich will deinen Mund küssen« gewesen.
Bei der parallelen Schlußszene von »Ich habe deinen Mund geküßt« bis »Man töte dieses Weib« leistet sich Schroeter (nach der schon erwähnten arabischen Musik-Besetzung) eine weitere unerwartete Kühnheit. Er akkompagniert sie mit der

Salome

Eika Katappa

Orchesterversion von Isoldes Liebestod – einem Musikstück also, das durch seine Verwendung bei Buñuel filmhistorisch als überaus belastet erscheint. Aber das Wagnis gelingt, nicht zuletzt dadurch, daß Salomes – im originalen Sinne melodramatische – Sprechweise Isoldes fehlende Stimme zu ersetzen vermag und Wagners Musik übersteigt, ohne ihr indes Gewalt anzutun.
Der Schauplatz dieser Szene liegt nun weit vor dem üblichen Schauplatz der Tempeltreppe (quasi in einer Ekstase des Ortes), ausgesetzt dem Wind, der sich knatternd nicht nur in Gewändern, sondern auch im Mikrophon verfängt und der als technischer »Fehler« mitspielt wie zuvor die Flugzeuggeräusche. Der Kuß des toten Kopfes wird übrigens (wie in der Bochumer Inszenierung) nicht gezeigt – hier einfach unterlassen, dort gänzlich abstrahiert.

Macbeth

Macbeth. 1971

MACBETH ist entstanden nach Motiven von Shakespeare und Verdi und Teil des Doppelprojekts »Macbeth« im Auftrag des Hessischen Rundfunks, dessen andere Version Rosa von Praunheim in 16 mm s/w in Cornwall drehte. Während von Praunheim »außen« drehte (im Ausland, in der Fremdsprache Englisch, in Wind und Schnee), arbeitete Schroeter in Frankfurt, in einer Studio-Dekoration, in Deutsch und in Italienisch der Opern-Konserve.
Wie in SALOME benutzt Schroeter einen Treppen-Bau, diesmal in »Y«-Form, also mit zwei von oben aufeinander zulaufenden Schrägen, die sich zu einem auf die Hauptkamera gerichteten Abstieg vereinen. Ebenso wie in SALOME beschränkt sich Schroeter auf eine relativ geringe Anzahl von Einstellungen und Kamerapositionen (dafür multipliziert er das Darsteller-Personal). Die Treppe-Bühne wird nach hinten von einer blau-grünlichen Geweb- oder Pflanzen-Dekoration abgeschlossen. Vermutlich eine Rückprojektion; sie erinnert an Wieland Wagners Neubayreuther Licht-Bühnenbilder. Die Szene ist von Dunkel umhüllt; Scheinwerfer sowie Feuer, die in Becken glosen, sind die Lichtquellen.
Schroeter zeigt MACBETH als ein Drama der Uneindeutigkeit, der Verwirrung, des Wahns. Indem er Hauptpersonen sich spalten läßt, mehrfach besetzt, weist er auf Schizophrenie als eine von mehreren Möglichkeiten des Wahnsinns hin, der für ihn die Tragödie von Anfang an (und nicht erst mit der Geistesverwirrung der Lady Macbeth) durchweht. »Schön ist häßlich, häßlich schön« ist das ästhetische Programm dieser Adaption; wahr ist unwahr, klar unklar. Die Personen verlieren Kontur: Lady Macbeth erscheint knallrot im Hermelin-Gewand der Callas mit Federhut wie bei einem beliebten Electrola-Werbephoto, das schon in den frühen Schroeter-Filmen verwendet worden war. Wiederum uneindeutig-zwittrig tritt Magdalena Montezuma auf, hohepriesterlich, mit nacktem Oberkörper und (seit der Kahlschur für ihre Herodes-Rolle in SALOME) mit ganz kurzem Haupthaar.
Kunst- und Laientheater sind wieder einmal nivelliert, auch im musikalischen Bereich. Die Verdi-Partitur sinkt auf deren Orgel- oder Klavierauszug herab, später auf eine Piazza-Grande-Besetzung, auf schlechtes Konzert-Café mit einer nahezu un-

Macbeth

erträglich die Lady-Macbeth-Partie markierenden, ungeschulten Stimme als schmerzvollen Schatten von Callas-Erinnerungen. (Verblüffend, wie weit ein Idol herab- oder herunterkommen kann; wie das Motiv der Treppen von MACBETH, das aus EIKA KATAPPA und SALOME stammt.) Musik steigt auf (zur Callas-Interpretation der Wahnsinnsarie »Una macula ...«) und ab zur Fortsetzung der Arie im Tango-Rhythmus.
Die gegenseitige Spiegelung von Macbeth und der Lady läßt sie gerade in ihrer Akteuren-Multiplizierung zu einer Zwitterfigur werden und erlaubt eine Neuinterpretation der Hexen-Prophezeiung, Macbeth sei nur von einem unbesiegbar, der nicht vom Weibe geboren wurde. Vom Weibe »Natur« geboren scheinen all diese Wesen und Schemen – Lemuren ihrer selbst – nicht. Multipliziert sind nicht allein die Personen-Marionetten, die Ereignisse (der Königsmord) oder Requisiten (der Dolch als Tötungswaffe). Jenseits der dramaturgischen Irritationen bleiben bei Schroeters MACBETH bemerkenswert: bühnenmäßige Gesten, dramatisch-musikalische Konstellationen, Farbspiele (etwa auch durch die Ampex-Solarisationen von Feuern; in Schwarz-Weiß ist MACBETH ohne jede Wirkung).
Der Schluß der Aufzeichnung wiederholt die Klage über den toten König und dessen Fluch, mit vielen kleinen weißen

Mäusen auf der Treppe als Requisiten von Delirium oder Wahn.
MACBETH fasziniert bei weitem weniger als SALOME. Eine gewisse Enttäuschung, die sich bei der Besichtigung von MACBETH einstellt, ist wohl kaum dem neuen Medium der elektronischen Kamera anzulasten – die läßt Schroeter nämlich hinreichend virtuos bedienen –, sondern eher der Ton-, Sprech- und Gesangsdramaturgie. Hier gelingt es ihm viel weniger, die Dichte von SALOME zu erreichen. Möglicherweise mißbehagte dem Regisseur die Künstlichkeit des Studio-Arrangements und die Bürokratie des Produktionsplans (eine Ampex-Produktion hat Schroeter bisher jedenfalls nicht mehr vorgelegt); etliche seiner MACBETH-Darsteller erscheinen auf den späteren Besetzungslisten nicht mehr.

Der Tod der Maria Malibran. 1971

Die MALIBRAN, von Schroeter verschiedene Male als sein Hauptwerk bezeichnet und als sein gelungenstes, reflektiert den Genie- und Diven-Kult des 19. Jahrhunderts, eben da, wo er mythisch wie zwangsläufig in Tod und Wahnsinn zu enden hatte. In einer Art mimischem Gesichter-Theater (einer filmischen Parodie auf die Fernsehen-Guckkastenbühne?) umspielt er die Historie eines der meistgefeierten Stars der Opernbühne im 19. Jahrhundert und dessen tragisches Schicksal.
Doch gibt es auch keinen Schroeter-Film, der, sei es aufgrund von Erinnerungen, Aufzeichnungen, Schroeters oder fremder Projektbeschreibungen, schwieriger faßbar, rätselhafter wäre als dieser. Wie wohl auch die historische Persönlichkeit der Malibran, der eine Straße in Brüssel und ein Theater in Venedig gewidmet sind, deren Name dem zeitgenössischen Deutschen aber auch wohl eben durch Schroeters Film erst wieder bekannt geworden ist.
Aber was wissen wir schließlich Genaueres über Paganini? Heine – in den »Florentinischen Nächten« – beschreibt ihn wie eine Fiebervision, in einer traumhaft-filmischen Montage, »sinneverwirrend«, und durchaus vergleichbar dem Schroeter-Film. Und ebenso, wie Heine den Kultur-Philister durch Applaus und banausische Bemerkungen das Konzert-Erleben des Berichtend-Träumenden stören läßt, so schuldbewußt-fakten-

Der Tod der Maria Malibran

bürokratisch kommt der MALIBRAN-Rezipient sich vor, wenn er versucht, sie auf den Film beziehen, oder gar die Widersprüche der Titelheldin festhalten zu wollen.
Sei's drum: »Maria Malibran besaß die schönste und intensivste Mezzosopranstimme ihrer Zeit. Mit ihren drei Oktaven Stimmumfang beherrschte sie jedoch auch alle großen Sopranpartien. Die dunkle Faszinationskraft ihres Gesangs und die melancholische Schönheit ihrer Erscheinung sind von vielen ihrer schreibenden Zeitgenossen gerühmt worden (u. a. von Stendhal).« (Schroeter). »Her gifts as an actress were on a par with her magnificent voice, and her gaiety made her irresistible in light opera, although her greatest triumphs were obtained in

tragic parts.« (Encyclopedia Britannica, 70er Jahre). »Das Organ der M. war keineswegs von untadeliger Schönheit; doch besaß ihre Stimme einen ungewöhnlichen Umfang, so daß sie Alt- wie hohe Sopranpartien durchzuführen vermochte.« (Meyers Großes Konversations-Lexikon, Bd. 13, 1906).
Den Lexikon-Quellen zufolge wurde Maria, Tochter des Tenors Manuel Garcia, 1808 zu Paris geboren, mit 17 Jahren debütierte sie in London und mit 28 Jahren (1836) starb sie. Ihre erste Ehe mit Malibran, einem französischen Bankier in New York, war »unglücklich« – er war auch viel älter – (Enc. Brit.), weil dieser »bald darauf bankrott ward« (interpretiert sehr materialistisch der »Meyer« von 1906). Von der Tochter des Malibran, die im Film eine herzerschütternde Rolle spielt, ist lexicographisch nichts auszumachen, ebensowenig wie von der bei Schroeter sowohl als historisch wie auch fiktiv zitierten Sopranistin mit dem merkwürdigen Namen »Lina Bruna-Rasa«. Wieso auch nicht, bezeichnet doch Schroeter den Sterbeort der Malibran als Berlin (bei einer Soirée mit »Robert Schuhmann und Franz Liszt«), und Meyer als Manchester. Versuche, die Malibran hier als historische Person mit Schroeters Film in Harmonie zu bringen, führen also in die Irre. Mag da dies oder jenes überhaupt noch stimmen, so wird es ausschließlich stimmen durch Schroeters haptischen Zugriff. Wie Ikonen in ihrer Stilisierung kombiniert er bizarre Bild-Konstellationen, fern von Historie und Realität, einen Personen- und Gesichter-Circus als »Paradies der rasenden Gebärde«.
MALIBRAN beginnt mit einem durch den Verlust der Augen blutüberströmten Gesicht – ähnlich dem der Therese von Konnersreuth in EIKA KATAPPA. In diesem Bild kombiniert Schroeter wohl verschiedene Assoziationen: »Das Gesicht« (der Gesichtssinn) als optische Fähigkeit sowie als Vision und deren Verlust, und wohl auch die alte Vorstellung, Auge und Hirn besäßen zueinander eine besonders enge Verbindung. (Wotan opferte ein Auge, um mehr wissen zu können.) Die Vorstellung von Wahnsinn als Kehrseite von »Wissen« ließe sich aus der assoziativen Zerlegung von »Maibran« in »mal« (schlecht) und »bran« (brain; Hirn) gewinnen. Blutende Augen als Stigmata weisen hin auf Schroeters optisch determinierte Künstler-Existenz. – In keinem Film läßt er Menschen stumm oder taub werden; der akustische Sinnesbereich scheint sakrosankt. – Vordergründig ist das Blutauge ein Vorver-

Der Tod der Maria Malibran

weis auf den Verkauf des Augenlichts gegen ein Stück Brot, später.

Die erste Sequenz – im Dunkel isolierte Gesichter der Montezuma, der Kaufmann, der Caven, von Candy Darling und anderen, einander liebevoll zugetan – ist unterlegt von Brahms' »Rhapsodie aus Goethes ›Harzreise im Winter‹ für Altsolo, Männerchor und Orchester«, das Thema von Liebesschmerz und -Opfer anschlagend. (»Ach, wer heilet die Schmerzen / Des, dem Balsam zum Gift ward? / Der sich Menschenhaß / Aus der Fülle der Liebe trank? / Erst verachtet, nun ein Verächter, / Zehrt er heimlich auf / Seinen eigenen Wert / In ung'nügender Selbstsucht«, und mit der folgenden Anrufung des »Vaters der Liebe«.) Wiederum ausweglose Existenzzerrüttung in den Heine-Versen »Und mein Stamm sind jene Asra, / Welche sterben, wenn sie lieben.« (»Romanzero«).

In der Folge wechseln große, erotische Gesichterduelle meist unklärbarer Identitäten mit oft winterstarren Außen-Arrangements (vereister See mit Abendhimmel, Olympiaberg Mün-

chen, eine maurische Anlage, auch gemalte Landschaften, auch Szenen in Schwarz-Weiß). Im Personal treten hinzu eine Negerin unter anderem (sie singt den »St.-Louis-Blues«), und halbnackt der Schroetersche Topos des Kriechenden Wurms. Auf der Ton-Ebene sind besonders stark erinnerlich das leere Plattengeräusch (Tonarm, unabgeschaltet, in der kreisenden End-Rille als Klangsymbol von Stummheit und Tod), ein frappierend elegant geschnittener Übergang von Strawinskys »Sacre du printemps« auf eine der Beethoven-Romanzen (eine zärtliche, ältere Menuhin-Aufnahme) und wieder glatt zurück in den »Sacre«, sowie die Auseinandersetzung der Malibran mit Federico Garcia, ihrem Vater, gespiegelt in Puccinis »Gianni Schicci«-Arie »O mio papino caro«, ironisch gewendet.
Diese mehr emotionell als dramaturgisch deutbaren Szenen erfahren Steigerung und Eindeutigkeit in einer Mittel- und in der Schlußsequenz.
Eine geschlossene Episode ist die Wander-Winterreise des androgynen Gesellen (Christine Kaufmann) zusammen mit seinem Zufalls-Begleiter »Hugo« (Magdalena Montezuma als Herr mit Zylinder) übers Gebirg »nach Eisenstadt«. Haydn (bei Esterhazy in Eisenstadt) ist hier so etwas wie ein musikalischer Trugschluß; der Ton der Episode ist eher märchenhaft. Das ums Wege-Zehrbrot von »Hugo« dem Jüngling abgeforderte Augenlicht wird diesem angesichts einer Golgatha-Kreuzgruppe wie durch ein Wunder wiedergegeben.
Diese Sequenz löst optisch ein, was zuvor (»Harzreise im Winter«) musikalisch umspielt war; hier läßt Schroeter eine Theater-Windmaschine sausen. Im Moment der Blendung (das Messer zittert; ein unten gelegenes Dorf mit Kirche wackelt im subjektiven Blick) erklingt ein »Miserere«. Die Gleichstellung von Blendung und gewaltsamer Penetration erscheint naheliegend.
Die Schlußpassagen thematisieren nach zahlreichen faszinierenden Arrangements den Selbstmord der Tochter der Malibran; in Interieurs (Treppenhaus und in Zimmern) wird das imaginäre Koloraturen-Duett zwischen der Malibran und der Bruna-Rasa, dessen Anforderung die erschöpfte Malibran sich zu Tode singen läßt, imaginiert. Laut Schroeter entstammt jenes tödliche Duett aus Rossinis »Semiramis«; Maria Callas singt die eine Partie. Aus der Innenarchitektur – die Malibran

Der Tod der Maria Malibran

stirbt, Blut entströmt ihrem Mund – führt das Bild jenes gefrorenen Sees mit Sonnenuntergang und das des Blutauges aus dem Film heraus.
In Summa: ein sowohl faszinierender wie verwirrender, schwer zugänglicher Film, einer, in dem man verloren ist, wenn man nicht ausschließlich der eigenen optisch-akustischen Reizbarkeit folgt.
Das hieße also: Schroeters musikalischster Film, jener, der am freiesten mit Bild, Tableau und Musik verfährt, auch am abstraktesten. – Für den staunenden Zuschauer gewiß auch am unverbindlichsten.

Willow Springs. 1972

Nach der schwierigen MALIBRAN ist WILLOW SPRINGS wieder ein gut überschaubares, sozusagen klassisches Melodram mit festen Identitäten, wie SALOME oder MACBETH gestellt in die Einheit von Ort, Zeit und Handlung (so sehr auch in MACBETH die Personen diffus dargestellt wurden).
Gedreht in Kalifornien, führt uns WILLOW SPRINGS in die Isolations- oder Oasen-Situation dreier männervertilgender Frauen. Nachdem etwa in BOMBERPILOT die drei Frauen an Männerwelt und -politik zugrunde gegangen waren, nehmen diese hier (Magdalena Montezuma, Christine Kaufmann, Ila von Hasperg) ihr Leben in eigene Hände. Wie Wegelagerer lauern sie in einem Wüstennest neugierig-unternehmungslüsternen Männern auf, diese auszunehmen und umzubringen, in einer Art von Gegen-Vergewaltigung.
Doch ist die Gesellschaftsform dieser drei Frauen wiederum nur ein Zerrbild herrschender Machtverhältnisse. In der Hierarchie dominiert priesterinnenhaft Magdalena, »Ich bin die Kraft«, eine Allegorie von Macht. Christine, ätherisch schwebend, verkörpert unverbindlich und steril Schönheit. Ila, auf der untersten, der Dienstbotenstufe der Ordnung, hat am handfestesten mit Materie, Gegenständen, Sinnlichkeit zu tun. Magdalena sind Wort und Idee zugeordnet, Christine die Musik, Ila Arbeit und Sex. Magdalena ist aktiv, Christine passiv-indifferent, Ila passiv, dann rebellisch. In gleichem Maße sind die drei Frauen jeweils sprachmächtig bis fast sprachlos. Magdalena zitiert Kant (»Der gestirnte Himmel ...«), während die müßige Christine ihren Gefühlen häufig durch Schallplatten,

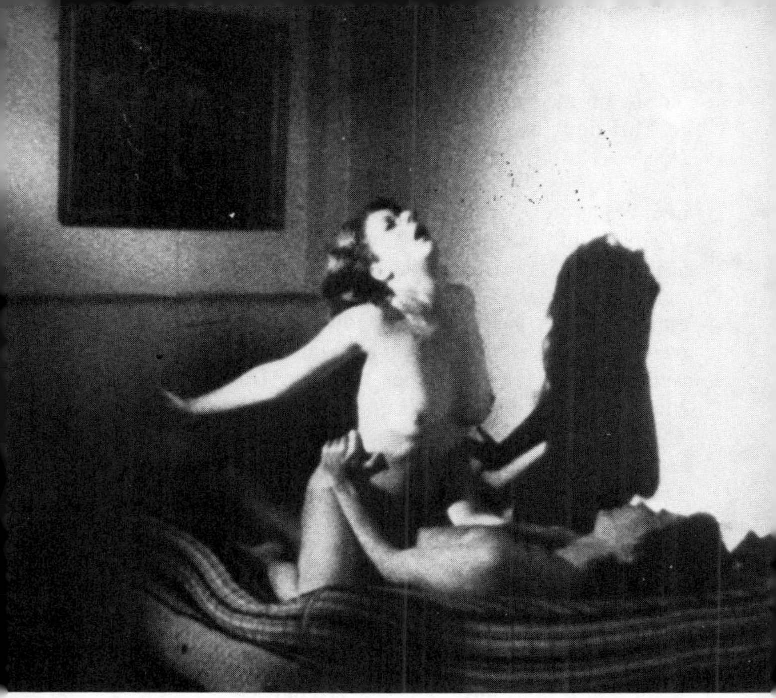

Willow Springs

die sie auf ihr kleines Koffergerät auflegt, Ausdruck verleiht. In Christine und ihrem Zimmer finden sich übrigens noch am ehesten Rudimente aus Schroeters ursprünglichem Plan, einem Film über Marilyn Monroe zu machen. Nicht nur in jenem bekannten farbigen Pin-Up-Poster der nackten Monroe, das da leicht beschmutzt, wie vom Müllhaufen der Erinnerung aufgehoben, innen an Christines Tür hängt (und das einmal in einer großartigen Einstellung, wenn Magdalena von außen eintritt, deren gespenstischer Physiognomie wie einem Alp weicht). Auch auf Berichte von Marilyns verzweifelt-gelangweilter Untätigkeit tagsüber auf dem Bett, beschäftigt von Musik und Tagträumen (Lena Pepitone, William Stadiem: »Marilyn Monroe Confidential«, 1979), mag hier angespielt sein. Eine Szene erscheint jedoch als Zitat sehr eindeutig auf Marilyns Biographie bezogen. Es ist jene, in der Christine, mit einem Puppenkopf spielend, ihrem Ungeborenen nachtrauert (»das Kind, das in mir starb«) – wie sehr auch immer Schroeter derart Faktisches im Typischen der Christine-Figur übersteigt. Ihr unfruchtbarer, künstlicher, der Kunst (Musik) zuzuordnender, leidvoller Narzißmus und Ennui charakterisieren sie jedenfalls als eine Art typischer Mischfigur zwischen einsamem Star à la Monroe und der dramatischen Idee und Funktion, die sie hier zu erfüllen hat.

Willow Springs

Willow Springs

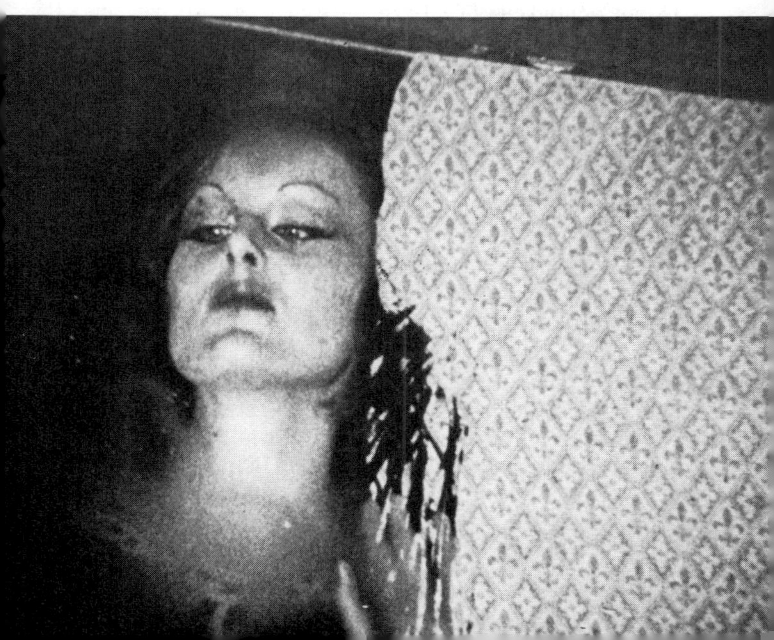

Zu ihr paßt, daß sie als einzige der drei Frauen keine sexuellen Kontakte hat (man erinnere sich der angedeuteten Vergewaltigung Magdalenas zu Anfang), und daß sie auch mit Michael, dem Jungen, nach freundlicher Konversation keine Beziehung einzugehen vermag. Nicht ohne Grund wird gerade sie des öfteren halb-isoliert vom Außen in Spiegeln oder durch trübe Fenster gesehen wie ein Phantom. Auch Décors wie das – mit ihr zusammen fast präraffaelitisch wirkende – rosa Feld mit dürren Büschen oder die Szene an einem fernen Swimmingpool entheben sie mehr als die anderen Akteure der realen »on-location«-Situation.

Zu Christines Bericht vom toten Kind paßt Magdalenas harscher Befehl an Ila, sie solle ihren Kinderkram verbrennen (erinnernd an die Symbole von Infantilität in Buñuels *Un chien andalou*). Diese jedenfalls haben Ila und der arglos die Ordnung der anarchistischen Frauen-Idylle störende Michael miteinander gemeinsam.

In einer längeren Erzählung (gedreht an einem städtischen Appartment-Fenster) berichtet Michael von seiner Jugend, seiner Mutterbindung und seinem Ekel vor dieser trunksüchtigen Frau, der er zu entkommen versuche. Seine Klage, er könne in der Schule nicht Murmeln (»marbles«) spielen, macht nicht nur den »Kinderkram« erinnerlich, sondern auch deren zwischen Infantilität und Sexualität liegende pubertäre Doppeldeutigkeit. Die Beziehung zwischen Michael und Ila wird geradezu zwangsläufig angebahnt.

Wie in einem Intermezzo erscheint überraschend und kaum motivierbar (also typisch) die Montezuma als aufgetakelte Mutter Michaels, als wolle sie nach dem rechten sehen, verschwindet dann wieder höflich und ironisch, ohne der archaischen Kämpfe in diesem Haus gewahr zu werden. Anders als die Figur Magdalena gibt sie ihren Herrschaftsanspruch auf.

Die Katastrophe, vorbereitet durch eine »Trugschluß«-Fluchtvision des Liebespaars, darf sich nun vollziehen. Das Gesetz des Hauses, Liebhaber seien nach Gebrauch zu ermorden (man erinnere sich jener Insektenweibchen, die ihren Gatten verzehren; vgl. VERONA), wurde frevlerisch im Widerstand gegen Magdalena gebrochen. Da erschießt sie alle und schwankt im Großen Schwarzen hinaus in die Steppe.

Eine wesentliche Rolle spielt in diesem Film der Drehort, Wil-

Willow Springs

low Springs. Recht doppeldeutig heißt »willow« »die Weide«, als Baum, nicht Wiese, und »spring« kann »Frühling« oder auch »Quelle« heißen; in jeder möglichen Kombination aber ist hier Natürliches, Ursprüngliches zum Klingen gebracht, das weder die Landschaft noch die Handlung selbst bestätigen mögen. »Natürlich« sind auch Ila und Michael, während Magdalena und Christine als Schemen, Ideogramme wirken. Unbefangener, »amerikanischer« also das Liebespaar, und distanzierter, durch der Gedanken Blässe angekränkelt, »europäischer« Magdalena und Christine.

Interieurs und Exterieurs sind einsam, versteppt und schäbig: ein Einöddorf weniger Häuser in staubiger Hitze. Hunde und Katzen laufen wie beliebig durch die Einstellungen. Vor dem Haus der drei Frauen steht ein Telephonmast in Form einer »4«, ans Kruzifix ebenso wie an einen Galgen erinnernd. Hinter dem Haus ein Brunnen und Gerümpel. Der Brunnen, aus dem die Wasserträgerin Ila schöpfen muß, weist gewiß hin auf ihre »tiefere« Erdverbundenheit, und zum Gerümpel erinnert man sich Schroeterscher Aussagen, er habe die Michael-Texte

in Form von Briefen – angeblich – auf einem Müllhaufen (»Kulturschutt«?) gefunden wie auch die Schallplatten; diesen Angaben ist wohl nicht unbedingt zu trauen.
Im Innern des Hauses gibt es eine düstere Bar mit auch künstlich getrübten Spiegeln, Weihnachtssternen und Kerzen, welche Magdalenas priesterliche Gestalt kommentieren. Von wenigen Ausnahmen (Michaels Zimmer, Swimmingpool) abgesehen, spielt alles Geschehen im und ums Haus herum, wie in deutschen Stummfilmkammerspielen von Carl Mayer *(Scherben, Sylvester, Hintertreppe).* Gleich diesen führt das Geschehen in WILLOW SPRINGS optisch einige Male aus der Geschlossenheit des Kammerspiels heraus – so mit einigen Fernweh und Aufbruch evozierenden Einstellungen auf ein Schiff an der Küste im Abendrot, ein Bild, das von Telephon- oder Stromleitungen nahezu diagonal durchzogen ist, und das insgesamt die Hoffnung auf Kommunikation zwar entfremdet, aber immerhin sinnbildhaft illustrieren mag.

Der Schwarze Engel. 1973/74

Der Titel verweist weniger auf – wie man meinen möchte – Caterina Valentes bizarr-surrealistisches Lied »Schwarze Engel« als auf den Schwarzen, den gefallenen Engel selbst, Luzifer, die heimliche Allegorie verlorener Reinheit und Unmittelbarkeit.
Schroeter transportiert seine Skepsis gegenüber europäischer Kultur und zivilisatorischer Quasi-Rationalität in ein mehrdeutiges Mexiko. Es ist einerseits die Utopie eines alten, heidnischen, unbedingten Kosmos, auf die er sich bezieht, andererseits die Realität eines verwirrenden, modernen, christlichen, unterentwickelten Staates. Beides geht ineinander über, führt zu verschiedenen Mischformen. Wirklichkeit oder Phantasien der Hauptpersonen setzen sich daraus zusammen. (In dem Bild des Hubschraubers über dem Maya-Tempel faßt Schroeter diese Polaritäten und Mischformen zusammen.)
Zunächst verblüfft der Beginn. Quasi fernsehjournalistisch stellt Schroeter eine für ihn wohl besonders stigmatisierte Person in einer Hütte der Armen vor: »Carlos ist taubstumm.« Carlos bleibt während des Films, so selten er auch erscheint, stumm; untergründig ist er die Kommentarfigur des Geschehens, vielleicht gar eine Art Repräsentant des Volkes, dem

Der Schwarze Engel

das, was im Folgenden von Magdalena Montezuma und Ellen Umlauf veranstaltet, gehört und geredet wird, realiter »unverständlich« bleibt. Carlos ist eine Person, die mehr mit existentiellen als spirituellen Nöten zu kämpfen hat. Schroeter verallgemeinert Carlos' Individualschicksal sodann in einer weiteren Reportagesequenz, gedreht in einem Krankenwagen, kommentiert mit Bevölkerungs- und Krankheits-Statistiken aus Mexiko-City, mit dürren, bösen Fakten sozialer Ungerechtigkeit und Ausbeutung (am Ende des Films kommt er darauf zurück).

Eine neue soziale Aufmerksamkeit bei Schroeter? Plötzlich? Nur für den, der Schroeters Arbeit bisher lediglich als Werk der Collagierung und des raffinierten Zitats verstanden hat, als Ausdruck narzißtischer Selbstbespiegelung und haßliebevollen Wühlens im »Kulturschutt«, und der darüber Schroeters fundamentale Emotionen der Trauer und des Mitleids übersehen hat, von Passion zu Passion. FACES/AGGRESSIONEN gab bereits formale Hinweise, BOMBERPILOT wohl versteckt; es verwunderte, daß man erst bei REGNO DI NAPOLI von einer Neuorientierung Schroeters sprach.

Wie ein Schock treffen die zwei exaltierten Ausländerinnen – Kunstfiguren mit leerem Wortgeklingel – den jetzt zum Thema Mexiko kundig gemachten Zuschauer; es scheint, als wolle Schroeter die Tragfähigkeit der zuvor ausgebreiteten Faktizität durch seine Protagonistinnen auf die Probe stellen – und umgekehrt: Reales durch »spleen et idéal«. Doch sind beide Erscheinungsformen verarmter, verkrüppelter, geteilter Existenz Zeichen (oder Grimassen) der Trauer über den Verlust »ungebrochener Einheit«. Die Natur des Körpers und die Kultur des Hirns (ganz grob gesprochen), sind, beide beschädigt, miteinander unverschmelzbar.

Da schwindet denn auch der Unterschied zwischen den beiden fremden Frauen dahin. So mag »die Blonde« (Ellen Umlauf, grellfarbig gekleidet) aus den USA kommend mehr den Reizen des Folklorismus und des archaischen Ritus sich anbiedernd erliegen, aber als Touristin aus dem auratischen Sog des Landes zuletzt doch wieder herausfinden; während Magdalena (schwarz gekleidet) aus Göttingen kommend, den Wurzeln des deutschen Idealismus entsprossen sein mag, wobei ihre Sehnsucht nach Mythos (nicht Ritus) und Selbstaufgabe gipfelt in einem ekstatischen Suizid-Opfer an Götter, die nie die

Der Schwarze Engel

ihren waren. Modern und touristisch wirkt die Blonde, anachronistisch und idealistisch Magdalena; »tragisch« Magdalena, banal die Blonde, real aber die Folie, die Umwelt Mexikos, die als unerbittliche Komparserie den (nur) spirituellen Hunger der zwei Frauen umsteht und beobachtet.
Beide Frauen ziehen sich die Reize der Umwelt über wie einen käuflichen indianischen Kopfputz. Sie freuen sich, » endlich in der Vergangenheit« zu sein (die Blonde) und »Opfer zu bringen« (Magdalena). »Man sieht nicht die Horden hungernder Kinder« draußen in den Inka-Ruinen; aber diese Feststellung trügt; schließlich werden beide, Magdalena als rituelles Selbstopfer, die Blonde als mißachtete Figur, von der Menschen-Umwelt eingeholt, als lächerlich heimgesucht. »Besser sterben als so zu sein« (Werther?) ist ein vieldeutiges Zitat, das jeder über die jeweils anderen zu sagen vermöchte.
Um so mehr ist Schroeters Umgang mit Text und Zitat zu bewundern, gerade, wenn sie Europa entstammen. Gesprochen werden Hölderlin, Nietzsche, Jahnn und andere, mitunter wie verblasenes Gewäsch und exaltiertes Wortgeklingel.

Aber Skepsis lehrt, diese exzessive Montage von Sprüchen zwiefach und doppeldeutig zu hören (das macht den Film auch so anstrengend). Häufig lauscht man einer Textpassage und ihrem Echo noch hinterher, da beansprucht schon die folgende unsere verwirrte und überforderte Aufmerksamkeit.
Zum ersten Mal – meine ich – montiert Schroeter hier große Zitate aus der europäischen Literatur so, wie er bisher mit großer europäischer Musikliteratur verfahren ist (und auch mit kleiner und mit nichteuropäischer). Bemerkenswert ist also bei der Musikauswahl, daß der Sprechtext sehr weitgehend den Arientext von früher ersetzt. Schlager, Jazz, Folklore, Hawai-Musik – als Zwitter zwischen den Hemisphären – (oder Max Bruchs Violinkonzert) sind tendenziell wortlos. Direkt auffällig wirkt da die Händel-Arie »Ombra mai fu«.
Die Bühne für die Selbstfeier der zwei Frauen stellen nach der Großstadt und ihrem Markt nun Maya- oder Azteken-Heiligtümer dar, wie emporgewachsen aus der sie umgebenden Vegetation; den Zeitpunkt Allerseelen, die Fiesta de la Muerte, jenes Fest der Todesverhöhnung, das uns aus Eisensteins *Que viva Mexico!* resp. seinen verschiedenen Bearbeitungen *(Death Day)* bekannt ist. Daß Schroeters grimmig-sensibles Filmmacherbewußtsein in den zwei Sinn-Touristinnen möglicherweise auch sich selbst kritisch gesehen haben möchte, ist nicht auszuschließen; in jedem Falle bleibt sein Blick auf Mexico und sein Bewußtsein davon vermittelter, distanzierter als der Eisensteins.
Wie ein Sinnbild der Dritten Welt läßt Schroeter einmal einen Käfer, beladen mit Goldschmuck (von dem dieser keinen Nutzen hat) über die nackte Magdalena krabbeln; Natur, des ihr gehörigen Reichtums verlustig, als Kitzel und Gewinn der Fremden, Weißhäutigen. In der Schlußpassage, die sich ähnlicher TV-Methoden bedient wie der Anfang, behandelt der Kommentar die ökonomische Abhängigkeit Mexikos von den USA. Die Blonde, jetzt angestellt beim US-Konsulat (»ich bin fertig mit diesem Land«) schreibt an Richard Nixon, und die Farbpostkarte einer düsteren Festung oder Zwingburg – wahrscheinlich der Alcatraz – weist auf die alte Geschichte des US-Kolonialismus gegen die Spanisch-Sprechenden im Westen (Kalifornien) und Süden hin.
Carlos aber, der ein weiteres Mal erscheint, hat, so wird berichtet, seinen Sohn Eceverria genannt, nach dem mexikani-

Der Schwarze Engel

schen Staatspräsidenten – ein Zeichen des Trotzes, der Hoffnung, des Konformismus? Vieldeutig ist da die Rede von »der Schande, unsere Einsamkeit aufgegeben zu haben«. Solche Töne gerade von Schroeter, der doch selbst Isolation beklagt und noch nie geschlossene, glückliche, in sich selbst genügsame Sozietäten dargestellt hat?

SALOME oder WILLOW SPRINGS »gehen auf«; DER SCHWARZE ENGEL läßt einen weiterfragen, auch sich selbst befragen.

In seinem Exposé für DER SCHWARZE ENGEL zitiert Schroeter sehr ausführlich einen Bericht über Prozeß und Hinrichtung des französischen Kinder-Massenmörders Gilles de Rais. Es ist anzunehmen, daß Schroeter diesen nicht nur den »Schwarzen Engeln«, den Engeln des Bösen zuordnet, daß er nicht nur die Fiesta della Muerte und die Kindersterblichkeit in Mexico – etwas vage – diesem frühbarocken Monster assoziiert, sondern daß Schroeter da auch von Gilles eine Verbindung zieht zu seinem Lieblingsautor Lautréamont: Dessen Name ist auf verschiedene Weise zerlegbar, so auch in die Silbenfolge »l'autre Amon«, der zweite Amon, Engel des Bösen, und in »Les chants de Maldoror« ist der Ich-Erzähler ein »Phantom und räuberisches Ungeheuer zugleich, das sich mit Vorliebe in Kindern seine Opfer sucht, ein luziferischer Rebell« (Kindlers Literatur Lexikon; siehe auch FLOCONS D'OR, die letzte Episode mit dem Kindsmörder).

Johannas Traum. 1972/74

Dem Vernehmen nach ist dieser knapp dreiviertelstündige Film ein Auftragswerk, besser gesagt: ein »Gremienfilm«. Um

Johannas Traum

von Filmförderungsinstitutionen bereits erhaltene Gelder, die für neue Projekte vergeben worden sind, nicht zurückzahlen zu müssen, sieht sich mancher Filmemacher mitunter gezwungen, termingerecht einen aufgrund älterer Arbeiten vorfinanzierten Film einreichen zu müssen, der entweder nicht existiert oder der zurücksteht hinter anderen Interessen und Projekten. Gemessen an derartigen Zwängen ist JOHANNAS TRAUM – zusammenmontiert, wie es heißt, in drei Tagen im Wesentlichen aus nichtverwendetem MALIBRAN-Material – eine respektable (und originär Schroetersche) Leistung. Nicht nur eine Parforcetour; man wundert sich, warum Schroeter den Film bislang versteckte.

JOHANNAS TRAUM umspielt die Visionen der Jeanne d'Arc während ihres Prozesses zu Rouen, er montiert quasi una fantasia aus historisch Gesichertem (den Gerichtsprotokollen von 1431) und Schroeters Mimischem Theater vor Vorhängen (wie in PAULA – JE REVIENS) und dem MALIBRAN-Material (Eissee, Kalvarienberg-Gruppe, Schlacht der Gesichter von Magdalena, Christine, Candy Darling). Das Ergebnis dieser Montage irritiert unsere Erinnerungen an Jeanne d'Arc von Villon bis Honegger oder Preminger.

Das meist aus dem MALIBRAN-Umkreis bekannte filmische Ma-

Johannas Traum

terial wird hier bruchlos dem Johanna-Stoff adaptiert. Die Frechheit Schroeters, ausgerechnet hier, bei einer Abfall- oder Gelegenheitsarbeit, den Vergleich mit Dreyer (*La passion de Jeanne d'Arc*) oder Bresson (*Le procés de Jeanne d'Arc*) nicht zu scheuen, kennzeichnet seine Sicherheit, mit der er Vorhandenes nicht nur montiert, sondern auch deutend problematisiert und umformt.
Sein besonderes Interesse gilt dabei offenbar einem Problem, das in den Prozeßakten – und bereits in den theologischen Schriften des spätantiken Christentums sowie im Talmud – umstritten war: dem Geschlecht der Heiligen, welche Johanna erschienen, ebenso wie dem der Johanna selbst, die in Männergewändern auftrat und eine androgyne Person gewesen sein mag. Der Prozeßverlauf schwankte zwischen dem Vorwurf der Ketzerei, der Jeanne abschwur, und ihrem Widerruf der Selbstbeschuldigung, der sie schließlich dem Scheiterhaufen überantwortete.
Johannas Rolle vor Gericht erscheint also vergleichbar ihrer geschlechtlichen: schwankend, wie die ihrer Heiligen-Visionen. (Als gewagte Anmerkung darf hier medizinische Literatur zitiert werden, nämlich – wie die Zeitschrift »Sexualmedizin«, Nov. 1979 anbietet – »Kraepelins Gedankengänge über die ›geschlechtliche Verwirrung‹ (1918)«: Texte, die Schroeter als ehemaliger Psychologie-Student gekannt haben könnte. Es verblüfft aber denn doch, wenn man, auf Schroeters Spuren, dessen alte Münchener Adresse – in der Kraepelinstraße, unweit des Schwabinger Krankenhauses – plötzlich im Zusammenhang mit jenem berühmten Psychiater-Namen antrifft. Zufall natürlich für Wohnungssuchende, trotzdem eine schöne Arabeske.)
Der Film ist ein sicher gestaltetes kleines Nebenwerk, keinesfalls heruntergeschludert, wie die Umstände es vermuten ließen (nur der Gebrauch von Schwarzfilm weist auf gewisse Montage-Verlegenheiten hin). Man fragt sich, ob das Thema Johanna ursprünglich in den MALIBRAN-Komplex eingebaut werden sollte, oder ob es dem vorhandenen optischen Material einfach durch einen neuen Soundtrack übergestülpt wurde (wogegen die sorgfältige Arbeit am Ton spräche); gleichwohl, beide Möglichkeiten sind denkbar. Immerhin verfährt Schroeter so souverän mit dem Material, daß man nirgendwo Unsicherheiten wahrnimmt. Gäbe es diese, so würde sein Stil sofort

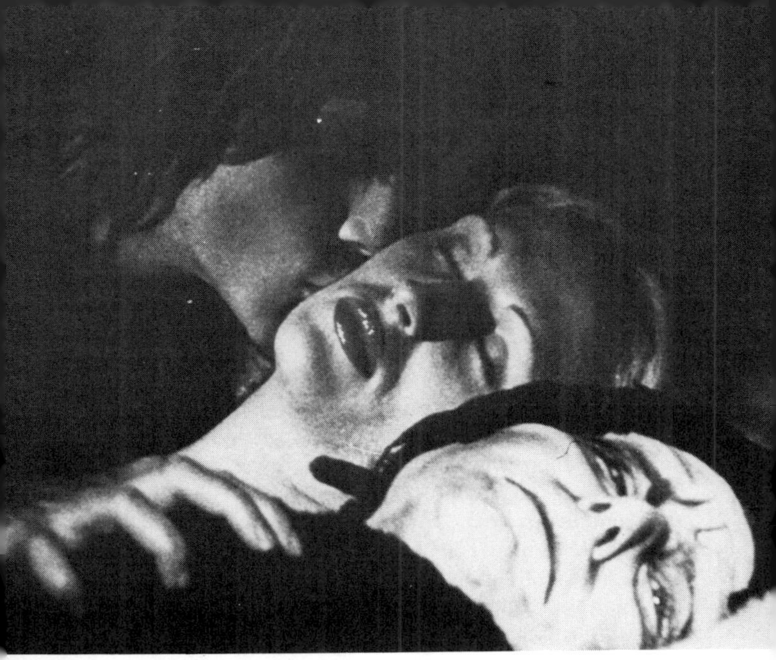

Johannas Traum

zur Selbstparodie. Schroeter aber weiß so viel, verfügt über derartige Reserven, Assoziationsreichtum und stilistische Sicherheit, daß selbst eine solche Gelegenheitsarbeit nicht als marginal abgetan zu werden verdient. Wieviel (weit unterhalb von »Genie« oder »Inspiration«) einfach »Handwerk« wiegt, demonstriert Schroeter hier: fast verlegen.

Flocons d'or. Goldflöckchen. 1973/76

Der Titel läßt an blütenhaft Herabrieselndes denken, an etwas, das in Schönheit von oben zu Boden fällt und dort vergeht. Die Form – vier Novellen, gerahmt von Vor- und Nachspiel, in denen Schicksalskünderinnen wie Pythien oder Parzen das Folgende oder Verflossene kommentieren – geht über die Sammlung einer Anthologie trotz des unterschiedlichen Stils der einzelnen Teile hinaus. Die lockere, poetisch-dramatische Geschichtenfolge erinnert eher an Rahmenerzählungen mit philosophisch-moralischer Tendenz (wie sehr diese hier auch nihilistisch erscheinen mag).

Glänzend oder golden sind diese Erzählflöckchen ebensowenig wie Buñuels *L'âge d'or;* eher Blumen des Bösen. Die Biegsamkeit der französischen Sprache erlaubt die Lautassoziationen »L'amour« – »La mort« – »l'or«, wovon erstere dem Kartenlegerinnen-Terzett aus »Carmen« (einem Leit-und Leidmotiv des Films) entstammen. Man kann FLOCONS D'OR in fünf resp. sechs Teile gliedern:

1. Vor- und Nachspiel (orts- und zeitenthobene Orakel-Sequenz als Rahmung);
2. Cuba zur Feudalzeit; altes, süffiges Melodram;
3. Naturalistisches Bahndamm-Melodram;
4. Poetische Trieb-Tragödie (in schwarz-weiß);
5. Kunstbayerisches Volksdrama;
6. siehe1.

Nur der Teil 5 ist restlos der deutschen Sprachlandschaft zuzuordnen, in allen anderen Kapiteln wird spanisch oder französisch gesprochen oder gesungen. Diese glücken Schroeter, wie ich meine, denn auch um einiges suggestiver. Während die »romanischen« Passagen ineinander geschlossen erscheinen, gelingt es dem 5. Teil bei weitem nicht so gut, Emotionen zu sammeln; er wirkt mitunter eher parodistisch. Von Beginn des

Films an scheinen Temperament und Impetus der mise-en-scène graduell reduziert. Den ariosen Rhythmus der ersten und zweiten Partie erreicht Schroeter in den späteren nicht, bis er in der Coda(Nr. 6) die emotionale Kurve wieder emporreißt, um den ganzen Film zu einem Abschluß zu zwingen.
Der Prolog spielt in einem hohen, hallenartigen Raum, in dessen Rundbogenfenster von außen das Blau einer Morgen- oder Abenddämmerung leuchtet. Magdalena Montezuma, Christine Kaufmann, Udo Kier u. a. agieren zur Musik einer schönen alten, verrauschten Aufnahme des Terzetts der kartenlegenden Zigeunerinnen, deren Blatt Carmen nicht die Liebe sondern immer erneut den Tod kündet (»toujour la mort«). Die lose Gleichgültigkeit der Kartenlegerinnen (hurtige Dur-Passagen) findet dabei im Bild keine Entsprechung. Als Spiele, die hier Schicksal vertreten, zeigt Schroeter fallende Mikado-Stäbchen und auch ein Kartenhaus, an dem Christine Kaufmann baut. Udo Kier erscheint, durch Blutsturz, als todesgeweiht.
Das alles ist hinreißend elegant und flüssig montiert, Décor spielt kaum eine Rolle; der Reichtum der Sequenz baut auf die Schönheit von Gesichtern (Christine Kaufmann), Blumen, Straußenfedern und der alten Musikaufnahme.
Die Episode »En Cuba« ist ein schmissig daherrauschendes, optisch betörend schön gelungenes lateinamerikanisches Melodram, das all die heimlichen Caterina-Valente-Sehnsüchte, die zuvor nur im akustischen und europäisch gefälschten Surrogat gefühlt worden waren, nun endlich visualisiert – unter einem Himmel, in einem Décor, die den vorgeblichen Schauplatz glaubhaft machen.
Zwischen fünf spanischsprechenden Personen werden die Drähte von Liebes-Intrigen gezogen, Mann und Frau, Schwarz und Weiß, Herr und Diener. »Wahre« Leidenschaft und künstliche (die Heroinspritze) werden im allgemeinen Gewirr der Emotionen voneinander ununterscheidbar, auch kaum kausal aufeinander bezüglich. Es ist nicht mehr zu erkennen, was Liebe und Laster voneinander trennt.
Vom streng konventionellen und ästhetischen Niveau feudaler Gesellschaft (Gärten, Treppen, Interieurs) kommen die Figuren immer weiter herab in den Sumpf ihrer Passionen; so wirkt etwa Rainer Will (als junger Herr) immer heftiger geschminkt, immer dekadenter und sinnlicher, bis sich Sexual-Symbole wie

Flocons d'or

Flocons d'or

Flocons d'or

das Schlänglein, eine Spazierstockkrücke und die Heroinspritze vordrängen, die Musik hektischer und schnipselartiger montiert wird wie auch die Bilder (Straßenkarneval, Feuerflammen). Der Heroinsüchtige stirbt auf einer Toilette an Blutsturz, während Magdalena in verzweifelter Pose (angedeutete fellatio) vor ihm kauert.
Die Episode »Un drame de rail«, gedreht in Bochum in einer sonnigen, verlassenen Güterbahnhofsgegend mit Baracken etc., erinnert durch Décor und Sujet (verzweifelte Liebe, Hörigkeit) mitunter an Bilder, die man in Jean Renoirs *La bête humaine* gesehen hat. Als einziges Off-Ton-Geräusch ist eine ständig wiederkehrende Tonschleife mit Straßenlärm und dem dünnen Quietschen von Gummireifen unterlegt, im O-Ton spielt Andréa Ferréol manchmal Mundharmonika (ein Instrument, das durch einen Vulgärausdruck eine sexuelle Nebenbedeutung trägt).
Andréa Ferréol ist die liebende Frau »Joselle«, Magdalena ihre einmal grotesk in rosa und auf Plateausohlen herausstolzierende Freundin »Marie«. Eine ältliche, sauertöpfische

Frau, Joselles Mutter, verbietet (aufgrund einer Intrige Marias?) Joselle den Umgang mit ihrem Geliebten, einem Gastarbeiter mit dem schönen Namen Reza, der als Schienenarbeiter die Weichen (?) schmiert etc. Die Mutter sperrt Joselle gar in eine Baracke ein; trübe Fensterscheiben trennen Joselle von Reza. Joselle beklagt ihre emotionell verarmte Erziehung: »Meine Eltern haben mir immer verboten zu fühlen« (interdit de sentir; diese Episode ist in Französisch gesprochen).
Als Reza schließlich selbst mit der Mutter gemeinsame Sache macht, sie einmal verschwörerisch und »anrüchig« aus einer Tür mit der Aufschrift »00« herbeiholend, wohl um Joselle zu denunzieren, und Joselle sich also von allen verlassen sieht, wirft sie sich in stilisiertem Selbstmord (ähnlich wie in EIKA KATAPPA von der Engelsburg) vor einen Zug.
Im vierten Teil, gedreht in und bei Avignon auf körnigem, »poetischem«, oft von Licht überstrahltem Schwarzweißmaterial, sind Andréa Ferréol, Bulle Ogier und Magdalena Montezuma die Hauptpersonen. Andréa lebt, nach dem Verlust eines geliebten Mannes vor Jahren, verwirrten Geistes mit vier Hunden, zu denen sie eine fast erotische Zuneigung nährt, in einem Landhaus unweit der Stadt. Sie trägt ein schwarzes, vorne weit klaffendes Prostituiertengewand, das sie für ihr Hochzeitskleid hält.
Ausgerechnet durch einen vom Wind herangewehten Zeitungsschnipsel erfährt sie von den beiden anderen Frauen, Bulle Ogier, der sublimen »Mörderseele« und Magdalena. Um die »Mörderseele« wie ein Orakel (vgl. die Kartenlegerinnen im Anfang) über die Grundwahrheiten des Lebens zu befragen, begibt Andréa sich in ihrem merkwürdigen Kleid zur Stadt, schon bald verfolgt von der schattenhaft schwarzen Montezuma, »die nach lebendigen Opfern für ihre hungernde Seele Ausschau hält« (Schroeter).
In einem Zimmer versucht Andréa, der »Mörderseele« drei Fragen zu stellen; sie beginnt mit der Frage nach der menschlichen Verzweiflung mittels eines Zitats aus E. A. Poes Ballade »The Raven« – einem Gedicht, das die Dialogsituation Andréa/»Mörderseele« gleichsam vorausskizziert, da der plappernde Rabe über das eine gelernte Wort »nevermore« hinaus nichts zu künden weiß und von der berichtenden Ich-Person schließlich auch nur selbstquälerisch als Stichwortgeber eigener Verzweiflung benutzt wird. (Zu den Lautassonanzen »La

mort«, »flocons d'or« kommen somit durch das Poe-Zitat, darf man spekulieren, noch all die »Raven«-Strophen-Endreime hinzu – »Leonore«, »nevermore« und, besonders interessant, »lore«, ein archaisierender Ausdruck, der eine Gesamtheit von Wissen und Traditionen, »Lehre«, vor allem auch im vorwissenschaftlichen Bereich, bedeutet; siehe E. A. Poe, The Philosophy of Composition, 1846, und Schroeters VIRGINIAS DEATH, s. S. 120.) Aber die »Seele« bleibt gänzlich stumm.

Indessen fordert Magdalena Andréa zum Tanz, dem sich diese entzieht und, beständig von Magdalena verfolgt, nach Hause entflieht. Dort aber sind die Hunde entschwunden. »Außer sich und hysterisch sucht sie überall nach dem Sinn ihres Lebens – er ist dahin – die Hunde sind fort – für immer« (Schroeter im Exposé). Sind die Hunde eine Allegorie für Sinnlichkeit? Als Erinnerung an die bellenden Hunde der Nacht in Lautréamonts »Les chants de Maldoror« (»l'or«!!)?

Andréa versucht, verführt von Magdalena wie von einem Hermes Psychagogos, sich zu ertränken, aber ach, das Wasser war allzu seicht (eine tragikomische Szene, die an eine vergleichbare Szene in Ken Russells Tschaikowski-Film erinnert). Aus dem Bach steigend, wird Andréa der beiden anderen Frauen gewahr: der tanzenden Ogier und der sie beobachtenden Montezuma. Eine Allianz der drei Frauen erscheint möglich. Was bedeutete sie? Restlose Hingabe an den Wahn? Oder an die sprachlose Weisheit?

Gefilmt ist dies alles sehr hermetisch, immerhin stilistisch schlüssig und poetisch. Anders als Andréa in der zweiten Episode (Eisenbahndrama) scheinen hier spirituelle, dämonische Kräfte im Spiel zu sein. Das Stück erinnert an E. T. A. Hoffmann und die Tradition des deutschen Triebfilms wie Wienes *Das Kabinett des Dr. Caligari;* bloß ist Schroeters FLOCONS D'OR-Episode unter einer anderen Sonne gedreht. – Er verwendet sehr wenig Musik, mitunter zitiert er einen Schlager (Valente?): »Forbidden plays that I play«.

Der fünfte Teil trägt den Titel »Réalité – Vérité!« und handelt von einem angeblichen Triebverbrecher und Kindermörder (Udo Kier). Die Episode ist in Bayern, wenn nicht in München selbst angesiedelt und hat trotz ihres Sujets ausgesprochenen burlesken Charakter. Es ist ein Dialektdrama in einem künstlichen, oft auch falschem Bayrisch, und man kann sich kaum

des Eindrucks erwehren, Schroeter wolle hier – nebenbei natürlich – parodistisch mit der zeitweilig überbordenden Mode der Entdeckung und Förderung kritischer bayerischer Mundartdichtung und -kunst von Marieluise Fleisser über Kroetz und Sperr bis hin zu den Kollegen Fassbinder oder Fleischmann (*Jagdszenen aus Niederbayern* und *Pioniere in Ingolstadt*) abrechnen. Gerade Udo Kier gelingt – als tumber Tor und von der Umwelt in seine Rolle als Triebverbrecher Gedrängter – mit seinem lieb-naiven Gschau eine oft komische Karikatur. Sätze wie »A Saumensch, a perverser« oder »Alles war ganz blut« (Kier) weisen auf eine »realistisch-kritische« Kunst-Auffassung, die Schroeter suspekt ist.
Der Titel »Réalité – Vérité!« (mit Ausrufezeichen) darf bei Schroeter, dem derartige Gleichungen oder Grundsteinlegungen zutiefst fremd sind, nicht für bare Münze genommen werden – wenngleich er auch dem Schicksal des »Triebverbrechers« gegenüber nicht fühllos sein kann. Schroeter spielt hier grimmig mit einem großen Thema in dessen lächerlicher Maskierung. Udo Kier heißt noch dazu »Franzl«: »Franz« (nicht nur Biberkopf) ist die Haupt-Leidensfigur bei Fassbinder.
Udo Kier, verzweifelt um kunstbayrische Aussprache bemüht, trägt einen Bundeswehrparka mit Schwarz-Rot-Gold-Aufnäher (ein Pionier aus Ingolstadt?). Magdalena durchschreitet das Geschehen gespenstisch und todesengelhaft wie eh und je. Szenerie sind ein verwilderter Park mit wasserleerem Swimmingpool, städtische Straßen und eine Lehmgrube. Die Einsamkeit des als Kindsschänder verfolgten Udo Kier wird visualisiert in seiner Suche nach Geborgenheit im leeren herbstlichen Schwimmbassin und im glücklichen Blick auf ein gefundenes Bildmedaillon (romantische Verehrung eines Idols aus der Ferne). Franzl läßt sich zärtlich einen Käfer über den Daumen laufen (vgl. die Ameisen auf Pierre Batcheffs Handinnenfläche in Buñuels *Un chien andalou* und deren erotische Bedeutung); er streichelt selbstvergessen seinen Daumen (auch dies ein autoerotischer Hinweis). Eine Frau, die plötzlich Franzl, das Monster erblickt, schreit derart grell und mörderisch, daß Franzl sie einfach erwürgen *muß,* um ihre nervenzerrüttenden, stimmfellzersingenden Töne zu ersticken. Schroeter bleibt im parodistischen Genre – trotz der psychopathologischen Fallstudie, die er mit einer Idylle beginnen und mit einer Katastrophe enden läßt. Von fern wird – vgl. DER

SCHWARZE ENGEL – an den Kindermörder Gilles de Rais erinnert, und an Lautréamont.

Wiederum verwendet er Musik hier nur spärlich. Zu einem «Kyrie eleison« bringt Franzl sich sehr mühsam und qualvoll in einer Lehmgrube um, in die er sich hinabrutschen läßt und in der er sein Selbstmordinstrument in Form eines Steins findet. Magdalena spricht: »Jetzt bist du bei mir, komme mit mir und werde vielleicht glücklich.«

Die Episode wirkt zunächst komisch-parodistisch, bis über Schroeters Zitierlust und über die bewußt inszenierte Deppertheit des Franzl hinaus dessen Schicksal im Rahmen des gesamten FLOCONS D'OR-Kosmos (wie auch des Schroeterschen insgesamt) durch alle Vermittlungen hindurch tragisch und beklagenswert zu werden beginnt.

In seinem Exposé hatte Schroeter noch eine Episode in Paris geplant: die Liebesgeschichte von Bulle Ogier mit Serge, einem Zuhälter, der Andréa Ferréol verwaltet. Andréa sollte Bulle Ogier aus Eifersucht erwürgen und sich schließlich vor einen Eisenbahnzug werfen. Rudimente dieser Geschichte finden wir im Bochumer Bahnhofsdrama. Schroeter hat eine bereits abgedrehte Sequenz dieses Fragments in die Abschluß-Coda eingebracht: eine Szene, worin Bulle (nicht Andréa, wie

Flocons d'or

ursprünglich vorgesehen) in dünnem Fummel als Pennerin und Säuferin vor der Pariser Opéra in der Gosse verkommt; das dient nun als Überleitung zur Coda mit den Kartenlegerinnen aus »Carmen« wie am Anfang. – Nicht uninteressant ist in diesem Zusammenhang der Hinweis, daß Prosper Mérimées Novelle »Carmen« bereits von einer distanzierend-historisierenden, pseudo-autobiographischen Rahmenhandlung umschlossen war.
FLOCONS D'OR ist ein Werk, das vom großen Temperament der tragischen Oper oder des hitzigen Melodrams sich allmählich durch verschiedene Spielgattungen gleichsam theater- oder filmhistorisch herabsinken läßt in die kühle Moderne – von der Tragik zur Soziologie. Dabei bleibt Leid freilich immer sich selbst gleich.

Regno di Napoli / Neapolitanische Geschwister. 1978

Bestimmt ist nicht allein Wolf Wondratscheks Drehbuch-Mitarbeit dafür verantwortlich, daß REGNO DI NAPOLI den theatralischen oder kultur-anthologischen Bereich von Schroeters Arbeit weitgehend verläßt. Denn so gewiß, wie der Film von Schroeter stammt, etwa durch die Struktur der Nummern-Oper oder des Stationendramas – eine Struktur, die er der hierzulande wenig bekannten Ästhetik des italienischen Verismo und seiner (auch opernhaften) Variationen entnommen hat –, so gewiß entsprang REGNO DI NAPOLI nicht als Bankert etwa einer Mesalliance von Viscontis *La terra trema* und *Senso*. Nicht bloß Schroeters bisher vorliegende Arbeiten, sondern auch die politische italienische Oper des 19. Jahrhunderts sprechen für die Legitimität dieses – auf den ersten Blick – für Schroeter absonderlich sozial-realistischen, streng chronologisch fortschreitenden Tagebuchs eines Hauses und der Familien, die darin leben mit ihrer Nachbarschaft, und des tödlichen Kosmos Napoli insgesamt.
»Regno« meint das Königreich Neapel. Historisch wäre das die Bourbonenherrschaft vor Garibaldi – längst vorbei, vergangen, vergessen. Die Krone des Herrscherhauses hat keine Macht mehr über das Volk. Indes hat sich am Elend der Armen seit den Zeiten des Königtums nicht viel geändert; an die Stelle von Thron und Altar sind Parteien und Konzerne getreten. Die Armut aber blieb sich gleich.

Regno di Napoli

Dieses »Reich von Neapel« (der deutsche Filmtitel NEAPOLITANISCHE GESCHWISTER ist blaß, harmonisierend, eindimensional und ohne die ironische Doppeldeutigkeit des Originals) herrscht über seine Bewohner mittels sehr einfacher Abkürzungen und Symbole. DC, die Democrazia Cristiana, gibt es da ebenso wie PCI, den US-GI, »Alfasud« oder die klammergleiche Rune der Neofaschisten, neben Kirchentüren auf Wände gesprayt. Vom Reichtum Neapels, der wie eine dünne Eierschale rund um das Elend liegt, von der Schönheit auch dieser verzweifelten Stadt ist hier nichts zu bemerken, da der Film im Nachbarschaftsbereich bleibt, dort, wo man so arm ist, daß man zuhause bleiben muß und von dem Ambiente eher das Sterben zudiktiert bekommt als das Neapel-Sehen.
Insofern zeigt REGNO DI NAPOLI auch nur dürftig wenig metropolitanische Schau-Oberfläche, auch keine Collagen, kaum Metaphern oder Bild-Symbole (wie in EIKA KATAPPA Capri als Insel der Seligen oder die Gispausguß-Leichen Pompejis im Museo Nazionale, die Schroeters ästhetischem Prinzip nahegelegen hätten). Im Erzählfluß aber verharrt Schroeter dann während eines Gottesdienstes auf einer Marmorskulptur, über dem Katafalk ruhend; selbst dieses Bild-Werk wird elegant in die Kamerabewegung integriert. Die Pietà des Michelangelo,

Regno di Napoli

die – vom Vatikan als Dank an Amerika leihweise dem New Yorker Metropolitan Museum überlassen – im Hafen von Neapel verladen wird, erscheint später als bleiches Gips-Imitat, als Souvenir-Produkt der Industrie auf dem Frachtweg in die Neue Welt – dahin, wohin schon so viele Neapel-Emigranten vertrieben wurden, ihr Glück zu suchen: Gips, dem Fleisch nachgesandt zum Troste; Trauer- und Todessymbol allemal.

In REGNO DI NAPOLI prunkt nur Realität der Armut mit großen Tauf- und Glückwunsch-Namen wie »Massimo« (Der Größte), »Vittoria« (Der Sieg – einem Mädchen aufgeprägt beim Sieg der Amerikaner und ihrer Invasion). »Pagano« andererseits heißt die ganze Familie, und dieser Name bedeutet »Heide«. Nomineller Widerstand gegen Herrschaft?

Zwischen 1944 und 1977 wird jeweils nach 16 absurd rosaroten Jahreszahlen mit Nachrichtensprecher-Gelärm und historischen Standbildern Volks-Geschichte erzählt; diese Jahreszahlen sind ein weiterer Aspekt des Auseinanderlaufens von Zeichen als prägnanten Symbolen von Macht und Bedeutung für die Menschen, von Abbreviatur einerseits und lebendiger Meinung (»Sprache«, »Leben«) andererseits, wie bemerkbar in der gesamten Nomenklatur des Films.

Regno di Napoli

Wiewohl die Geschwister Massimo und Vittoria und ihr Dualismus (Massimo verdingt sich der KPI von Kindesbeinen an, etwa als Botenjunge; Vittoria bleibt in der Tradition der Kirche und arriviert später als anpassungsfähige, kühle Sekretärin im Tourismus-Business) im Mittelpunkt stehen, schwemmt der Fluß der Erzählung des Zweistundenfilms eine derartige Fülle von großartigen Mit-Hauptpersonen und Nebendarstellern durchs Geschehen, daß in REGNO DI NAPOLI die Frage, ob Individuum oder Kollektiv als Held des Dramas (oder Opfer der Geschichte) anzusehen seien, überzeugend beantwortet

Regno di Napoli

Regno di Napoli

ist: alle gehören sie zueinander, und die Auswahl ihrer Auf- und Abgänge ist eigentlich ohne Bedeutung. Das Individuum spielt keine Rolle. Wir beginnen zwar, es zu lieben, aber wenn es entschwindet, wissen wir, daß es nur ein Repräsentant für viele andere gewesen war. Das führt dazu, daß wir etwa bei der ersten Besichtigung des Films, wenn wir die zahlreichen Figuren des Spiels noch gar nicht zu definieren vermögen, dennoch dem Willen des Regisseurs folgen und – ohne etwa die Protagonisten der zwei Familien oder der anderen Hausbewohner hurtig auseinanderhalten zu können – mit Mitleid und Trauer das Geschehen verstehen.
All die Tode, die den Erzählduktus des Films skandieren, sind begleitet vom Auftritt der prunkvollen, aufgeputzten Leichenkarossen, die von Pferden gezogen durchs Bild ziehen; vom *pompe funèbre,* der die elende Existenz der Menschen wenigstens im Tode zu erhöhen versucht, mit einem Prunk, dessen sich Schroeter selbst – etwa bei der Auswahl seiner Musik – enthält. Nur selten läßt Schroeter etwa die Stimme der Callas als fernes Echo im Klanghintergrund eines leisegestellten Radios zu. Straßen, Plätze, Kirchen fungieren als Stein gewordene Lebensbedingungen, als übermächtiges Lebensdiktat für Menschen. Zum erstenmal bei Schroeter wird die Topografie zum Hauptakteur des Geschehens, zum optischen Symbol für gesellschaftlichen Druck.

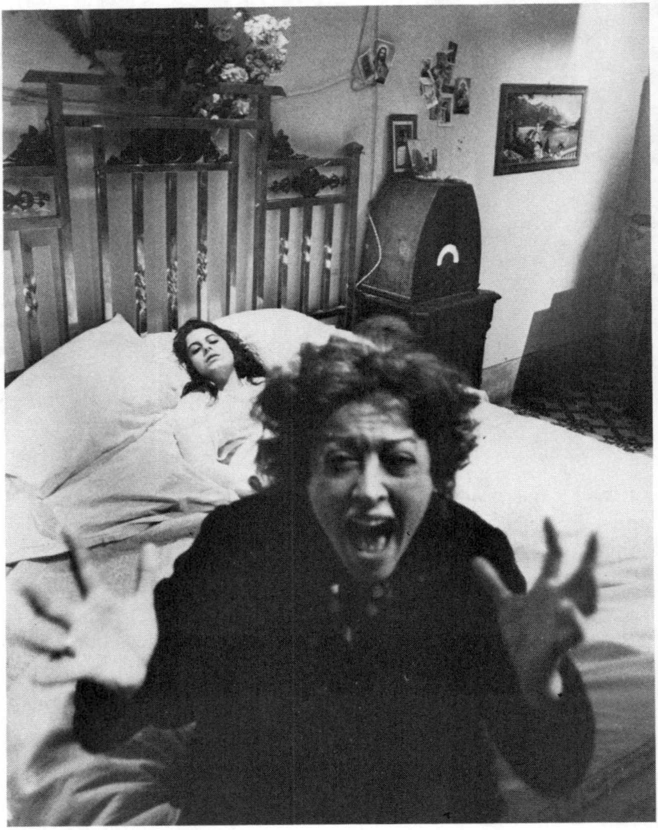

Regno di Napoli

Wie der – freilich grundverschiedene – Dokumentarist Peter Nestler behauptet Schroeter in REGNO DI NAPOLI, es habe sich zwischen 1944 und 1977 für das neapolitanische Proletariat nichts zum Besseren verändert, das Elend sei sich, trotz politischer Machtwechsel, gleich geblieben.

Unstreitig hat Schroeter in REGNO DI NAPOLI, durch die methodische Aneignung des neoveristischen Melodrams, zum erstenmal in der Entwicklung seines Werks sich Zugang zur Breite direkter Emotionen und sozialen Engagements verschafft – wohingegen seine früheren Filme, die kaum in deut-

schen Kinos gezeigt wurden, oft nur Bewunderung, Staunen, ästhetisierenden Enthusiasmus hervorgerufen hatten. Es glitzerten die Sterne – hier aber wird inszenierte Lebensnähe durch umgreifende Wärme der Emotion aufgeladen.
Massimos und Vittorias Lebensgeschichten – von der Kindheit zum Erwachsenwerden – durchkreuzen eine Vielzahl anderer, parallel verlaufender Geschichten gleich wichtiger Personen. Daraus webt Schroeter die Totale eines neapolitanischen Viertels und eines proletarischen Vierteljahrhunderts. Der Vater, ein schwindsüchtiger Schuster, geht ohne einen Gedanken, der seine Lebenswelt überschreitet, seiner Arbeit nach; die Mutter, leidend und fromm, stirbt früh und grausig. Die Nachbarin Cavioli, die ihre Tochter Rosa für einen Sack Mehl an einen schwarzen GI prostituiert, heiratet später einen antifrankistischen spanischen Emigranten, den sie zuletzt ermordet, weil sie den Kommunisten für den Tod ihrer Tochter verantwortlich macht. Danach verfällt sie in Wahnsinn. Das Muttersöhnchen Palumbo, Christdemokrat und Rechtsanwalt, der sich seiner proletarischen Herkunft entfremdet, wird von der Nachbarschaft mit einem Fußtritt ins Meer geworfen; später sieht man, wie er als schleimiger Schwuler, der seine erotische Fixierung unterdrücken muß, im Aquarium vor zuschnappenden Muränenköpfen sich an einen Jungen heranzumachen versucht. Die Hebamme und gleichzeitige Stadtteil-Hure Rosaria à Frances, eine dorthin verschlagene Französin, die auch Massimo, dem sie zu Beginn des Films in die Welt verholfen hatte, in die Praxis der Liebe einführt, geht ihrem

Regno di Napoli

Geschäft im Ruinengemäuer hinter einem kardinalsroten Vorhang nach; todkrank bricht die gealterte Prostituierte in den Arkaden der Piazza Plebiscito zusammen, während bizarr-karnevalistisch gekleidete Volkstheaterfiguren dort ihre höhnisch-aggressive Musik vortragen. Die Fabrikbesitzerin Puppetta Ferrante, bei der die frömmelnde Laura nicht nur als Dienstmädchen arbeiten, sondern auch als Gelegenheitsprostituierte für ältere Kundschaft dienen soll, erschießt, als ihr Betrieb vor dem Bankrott steht, einen Arbeiter, der nach seinem Lohn verlangt.

REGNO DI NAPOLI, vollständig in neapolitanischen Dialekten gesprochen, durch die autochthonen Musiken, die lokalen (Sterbe-)Rituale und folkloristischen Gesten, die ganze Körpersprache meist einheimischer Laiendarsteller zutiefst der Stadt und Region Neapel verpflichtet, offenbart Schroeters intensivste und intimste Affinität zur romanischen Kultur – gerade in einem Zeitpunkt, da er sich entschiedener als je zuvor dem narrativen Kino zuwendet. War die Wahl des Sujets und des Drehorts ebenso wie die Ästhetik dieses Films eine politische und moralische Parteinahme für eine andere Kultur, so hat Schroeter diese entschieden sympathetische Haltung in seinem nächsten Film fortgesetzt. Mehr noch: PALERMO ODER WOLFSBURG signalisiert die Rückkehr Schroeters nach Deutschland, gesehen durch die Augen und erfahren mit den Sinnen eines Sizilianers.

Palermo oder Wolfsburg. 1979/80

Der ebenso lakonische wie vieldeutbare Titel meint weniger eine Alternative als eine Konfrontation. Palermo *versus* Wolfsburg. Der arbeitslose junge Mann Nicola hat sein Heimatdorf im Süden Siziliens verlassen, weil er in der Stadt des VW-Konzerns Arbeit finden kann. Schon zuhause geisterte »Germania« durch die Gespräche der Jungen und Alten, der Mädchen und Strohwitwen. Der Ort Monte Chiaro selbst, mit seinen zahllosen gespenstischen Bauruinen, die Stück für Stück mit dem Geld errichtet und ergänzt werden, das die Männer im fernen Deutschland verdienen und hierher schicken, ist von »Germania« abhängig. Das »Lämmchen« (wie Nicola später von einer sizilianischen Gaststättenbesitze-

rin in Deutschland vor Gericht genannt werden wird) begibt sich ungeschützt in des Wolfs Burg – und geht dabei vor die Hunde. Ein Verwandter, bei dem er Unterschlupf finden möchte, speist ihn mit 20 Mark ab, weil dessen deutsche Frau dieser überraschenden Gastfreundschaften für Landsleute ihres Mannes überdrüssig ist; das deutsche Mädchen, in das Ni-

Palermo oder Wolfsburg

Palermo oder Wolfsburg

cola sich verliebt, benutzt ihn nur, um sich an ihre deutschen Freunde wieder heranzumachen, die sie sitzengelassen hatten. Als sie Nicola nach seinem Liebesgeständnis während eines Tanzvergnügens zurückstößt, verläßt er tief getroffen und irritiert den Saal. Er mißversteht das alkoholisierte, fraternisierende Verhalten der beiden jungen Deutschen, die das Mädchen verachten. Er fühlt sich bedroht und lächerlich gemacht

Palermo oder Wolfsburg

und ersticht die beiden. Ein sizilianischer Freund, der den Mord bemerkt, fingiert einen Notwehrakt Nicolas. Während des ganzen Gerichtsprozesses, in dem zwei Welten, zwei Kulturen aufeinanderprallen, schweigt der Angeklagte. Fast scheint es, als sei es gelungen, ihn den Schlingen der Justiz zu entwinden (der konservative Staatsanwalt plädiert sogar auf

Palermo oder Wolfsburg

Freispruch), als Nicola, bisher unbeteiligter, oft katatonisch erstarrter Zeuge eines unwürdigen, grotesken, absurden Gerichtsgeschehens, gewahr wird, daß diese scheinliberalen, »verständnisvollen« Händel um seine Person ihm das letzte Stück seiner Identität, seiner humanen Ehre nehmen wollen. Da gesteht er: »Ich habe sie umgebracht!« Das ist *sein* Weg ins Freie.

Stofflich begibt sich Schroeter mit PALERMO ODER WOLFSBURG in die Nähe von Viscontis *Rocco e i suoi fratelli* und Herzogs *Jeder für sich und Gott gegen alle.* Visconti beschrieb den Verfall einer Familie aus dem Mezzogiorno, welche die Arbeitssuche nach Mailand, in den hochindustrialisierten, großstädtischen Norden Italiens, also in die Fremde der Emigration getrieben hatte. Herzogs Kaspar-Hauser-Film entwickelt sein Pathos aus der unaufhebbaren Gegensätzlichkeit des absolut Fremden und Anderen (der sich selbst fremd ist, »unzivilisierter« Barbar) und dem in sich geschlossenen Rationalismus einer mediokren bürgerlichen Gesellschaft. Schroeters Held Nicola ist in Wolfsburg, unter den allgegenwärtigen Emblemen des VW-Konzerns, dessen ikonografische Anwesenheit mit einem düsteren, oppressiven Musikmotiv unterstrichen wird, so fremd wie einer, der vom Mond auf die Erde gefallen

Palermo oder Wolfsburg

ist; aber der deutsche Regisseur beschreibt nicht Verfall einer personalen Identität, das Opfer von deren Anpassung oder die falsche Integration in eine neue soziale, kulturelle und gesellschaftliche Umgebung; allenfalls am Schicksal von Randpersonen, in deren Mitte Nicola Schutz sucht (und auch findet), werden solche Erosionsprozesse augenfällig; Nicola aber tritt seine Passion an – unschuldiger, wehrloser, unzerstörbarer als Accattone, Pasolinis herumtreiberischer Held aus den römischen Vorstädten – und je tiefer Nicola in seine Isolation, Einsamkeit und Sprachlosigkeit gestoßen wird, desto weniger gibt er sich selbst preis. Er verliert sich nicht – so sehr er, leidend und gepeinigt, sich mit Schweigen, Apathie und Wahnsinn umpanzert.

Unter den vielen ikonografischen und akustischen Leitmotiven, die Nicolas Weg begleiten – als Traum- und Erinnerungsbilder, als assoziative Kreuz-, Quer- und Rückverweise, deren durchgearbeitete motivische Polyphonie schwerlich mehr als nur erahnbar ist bei einer ersten »Lektüre« der Nullkopie des Films –, unter diesen ästhetischen Operationen tritt vor allem ein kommentierender Parallelstrang hervor: an verschiedenen Stellen – und zwar von Anfang bis Ende – blendet Schroeter kurze Passagen einer Laientheaterdarstellung des christlichen

Passionsgeschehens in Nicolas Biografie ein. Hatte Pasolini in *Accattone* den Leidensweg seines Titelhelden durch wiederkehrende Zitate aus Bachs Matthäuspassion »überhöht«, gleichsam von außen und provozierend-blasphemisch mit einem Heiligenschein versehen, so bindet Schroeter diesen fortlaufenden, episierenden Kommentar an das erinnernde Bewußtsein seines Helden und dessen lokale, triviale Mythen.
PALERMO ODER WOLFSBURG wechselt im Verlauf der Erzählung den Stil. Während der erste Teil – die Beschreibung von Nicolas Heimat, seiner Familie, Freunde, der Dorfbewohner – semi-dokumentarischen Charakter besitzt und von der Körpersprache der sizilianischen Laiendarsteller, von ihrem Dialekt und ihrer Musikkultur bestimmt wird, wechseln die Wolfsburger Sequenzen zwischen solchen semi-dokumentarischen und stilisierten Stilmitteln. Die Gerichtsszene, der dritte Teil des Films, in dem professionelle Schauspieler dominieren, ist auf allen Ebenen durchstilisiert – ins Satirische und Groteske, ins Grand Guignol gesteigert. Der Prozeß, den Schroeter hier von »Palermo« gegen »Wolfsburg« führen läßt, gegen »ein Land, in dem es kein Licht gibt, keine Liebe, nur Arbeit«, übersetzt den Kampf einer Lebenskultur gegen eine, die Leben nur noch verwaltet und unter abstrakten Begriffen begräbt, in ein Furioso ikonografischer und akustischer Signale und Formulierungen. Dieser inszenatorische tour-de-force-Akt, mit dem Schroeter vor allem seine Bühnenerfahrungen in den Film einbringt und der in seiner Motivverflechtung, seinen erhitzten Tonarten-, Lautstärke- und Tempowechseln an die Finale großer Opern erinnert, ergreift nicht nur anti-realistisch das bildliche Geschehen – wenn das Hohe Gericht etwa, wie erschlagen, zu einem Leichenhaufen über dem Richtertisch gehäuft ist oder die Verteidigerin dem Staatsanwalt auf dem Schoß sitzt und das italienische Publikum sich schwul in den Armen liegt; viel erstaunlicher noch, raffinierter, experimenteller operiert Schroeter hier mit dem Ton, dem er einen schier unglaublichen Reichtum an grellen und verhaltenen Nuancen abgewinnt – so etwa wenn die große Szene, in welcher die sizilianische Gastwirtin Nicola verteidigt und Deutschland angreift, in gebrochenem Deutsch vorgetragen wird, an anderen Stellen die italienische Übersetzung einer deutschen Zeugenaussage litaneihaften Charakter annimmt oder Stimmen verzerrt werden. Man muß hier mit beiden Ohren getrennt hören,

um der Vielfalt solcher Doppelsprachlichkeit folgen zu können.
So unverkennbar Schroeters künstlerische Virtuosität im Finale ist – wo er einen satirischen Zugriff wagt, der seit Staudtes *Rosen für den Staatsanwalt* (1959) dem deutschen Film abhanden gekommen ist –, so trügerisch wäre der Eindruck, wenn man in PALERMO ODER WOLFSBURG nur ein Finalstück sähe. Denn die Beschreibung von Nicolas Herkunft und Lebens-Ambiente ist zwar verhaltener in den Mitteln, »realistischer« als das Finale, aber mitnichten weniger differenziert – auch was die nuancierte Palette der Musik, der Poesie und der Sprache angeht. Gerade dieser Nicola selbst oft gar nicht bewußte Reichtum seiner mediterranen Heimat, in dem Griechisches, Arabisches, Mittelalterliches, sizilianische Volkskultur und die Opernkultur des in Catania geborenen Bellini zusammenwirken, ist die Basis, von der aus Schroeter, mit den Augen und Ohren Nicolas, seine Polemik gegen WolfsBurg vorträgt. Gleichwohl ist auch schon die Alte Welt Monte Chiaros zerfressen von den Auswirkungen der Neuen.

Palermo oder Wolfsburg

PALERMO ODER WOLFSBURG oder: »Derjenige, der eine eigene Kultur besitzt, durch die er sich auszudrücken vermag, (ist) stets reich und frei, auch wenn das, was er (gegenüber der ihn beherrschenden Klasse) lebt und ausdrückt, Unfreiheit und Elend ist.« (Pier Paolo Pasolini, Freibeuterschriften, Verlag Klaus Wagenbach, Berlin 1978, S. 106f.)

(Der Artikel über REGNO DI NAPOLI stammt teilweise, der über PALERMO ODER WOLFSBURG vollständig von Wolfram Schütte.)

Daten
Von Walter Schobert

Biografie

Werner Schroeter
geboren am 7. 4. 1945 in Georgenthal (Thüringen).
Angaben zur Biografie Werner Schroeters sind spärlich und oft widerspruchsvoll. Schroeters eigene Aussagen in Interviews helfen nicht viel weiter: Es scheint ihm Spaß zu machen, für Verwirrung zu sorgen. Mit Gewißheit läßt sich nur die Arbeit Schroeters belegen. Die übrigen Angaben sollten mit Vorbehalt gelesen werden.
Schroeter wächst in Bielefeld und Heidelberg auf. Den Schulbesuch unterbricht er immer wieder, reist viel, nimmt manchmal am Unterricht in deutschen Schulen im Ausland teil. In Heidelberg macht er schließlich Abitur. Danach studiert er in Mannheim drei Semester Psychologie. Für Zeitungen im Rhein-Neckar-Raum soll er, ohne daß sich Artikel nachweisen ließen, journalistische Gelegenheitsarbeiten verfaßt haben. In München besteht er die Aufnahmeprüfung an der Hochschule für Film und Fernsehen, die er allerdings bereits nach wenigen Wochen wieder verläßt.
Schon als 12jähriger soll er eine Kamera besessen haben. Mit einem Film (ZWEI KATZEN/VERONA?) fährt er im Dezember 1967 zum Experimentalfilmfestival nach Knokke; der Film ist im offiziellen Programm nicht zu finden, könnte aber in einer der zahlreichen Nebenveranstaltungen gelaufen sein. Die Begegnung mit anderen unabhängigen, experimentellen Filmemachern und ihren Filmen gibt ihm Auftrieb: 1968 dreht er, in Heidelberg und in Berlin, eine große Zahl von Filmen in 8 mm. In Knokke lernt er auch Rosa von Praunheim kennen, mit dem er in den nächsten Jahren eng zusammenarbeitet: sie drehen GROTESK – BURLESK – PITTORESK. Schroeter wirkt, auch als Darsteller, in Praunheims *Schwestern der Revolution* mit, macht den Ton bei dessen Dokumentarfilm über Samuel Beckett (Kameramann ist Daniel Schmid). Auch von gemeinsamen Proben in einem Berliner Theater wird berichtet.
Mit von seiner Mutter geliehenem Geld kauft Schroeter eine 16 mm-Kamera. Seine ersten Filme in diesem Format, NEURASIA und ARGILA, finden auf der Hamburger Filmschau 1969 große Beachtung. Im Oktober 1969 bekommt er für EIKA KATAPPA den »Josef von Sternberg-Preis« der Internationalen Filmwoche Mannheim. Er kann seinen

Film auch an die 3. Fernsehprogramme verkaufen. Fast alle seine seither entstandenen Filme sind Fernsehproduktionen, die meisten davon »Kleine Fernsehspiele im ZDF«. Diese Redaktion vor allem ermöglicht ihm ein freies, freilich immer wieder durch lange Reisen unterbrochenes kontinuierliches Arbeiten. In der Bundesrepublik laufen seine Filme außerhalb des Fernsehens nur auf Festivals und in einigen unabhängigen, kommunalen Kinos. Erst mit REGNO DI NAPOLI/NEAPOLITANISCHE GESCHWISTER findet Schroeter einen Verleih, der seinen Film ins Kino bringt. Schroeter wird auch im Ausland schnell bekannt, besonders in Frankreich. Seit 1972 laufen seine Filme beim Festival in Cannes. 1972 zeigen die Cinémathèque, 1974 die Filmtage in Poitiers Retrospektiven auf sein Werk. 1973 veranstalten das National Film Theatre in London, 1975 das Österreichische Filmmuseum in Wien umfangreiche Werkschauen.
1972 bekommt er die Möglichkeit zu seiner ersten Theaterarbeit; im Malersaal des Hamburger Schauspielhauses inszeniert er Lessings »Emilia Galotti«. Fünf weitere Inszenierungen in Bochum und Kassel folgen in den nächsten Jahren. In Kassel kann Schroeter 1979 zum ersten Mal eine Oper auf die Bühne bringen: Wagners »Lohengrin«. Schroeter hat keinen festen Wohnsitz.

Filmografie

Die Filmografie enthält die Angaben zu den Filmen, bei denen Schroeter Regie geführt hat, und zwar in der Reihenfolge ihrer Produktion, die sich freilich bei den frühen Kurzfilmen und Etuden nicht mit letzter Sicherheit rekonstruieren läßt. Sie weicht hier – in Übereinstimmung mit der »Kommentierten Filmografie« – auch von den beiden frühesten filmografischen Quellen ab: von der Liste Wim Wenders' in der »Filmkritik« vom Mai 1969 und der von Eva M. J. Schmid und Frank Scurla zusammengestellten Dokumentation (s. Bibliografie). Die Art der frühen Filmarbeit Schroeters macht es auch unmöglich, die Daten der jeweils ersten öffentlichen Vorführung sicher anzugeben. Bei der filmografischen Aufnahme der Musik, für deren Auswahl und Zusammenstellung Schroeter immer selbst verantwortlich zeichnet, konnte aus Platzgründen jedes Werk nur beim ersten Einsatz genannt werden; alle Wiederholungen oder weitere Zitate aus dem gleichen Stück konnten nicht aufgeführt werden. Genannt wird jeweils, bei klassischer Musik, der Komponist und der Titel des Werkes, bei Schlagern der Sänger und der Titel des Liedes. GEMA-genaue Listen sind vorhanden und können in der Bibliothek des Deutschen Filmmuseums in Frankfurt a. M. eingesehen werden.
Für die Zusammenstellung des künstlerischen Stabes, der Darsteller und der Produktionsangaben wurden vor allem die Dokumentation

von Schmid/Scurla, die Programmhefte des ZDF und die Kopien der Filme benutzt. Auskünfte und Hilfeleistung: Sebastian Feldmann, Dietmar Schings, Eva M. J. Schmid, die Redaktion des »Kleinen Fernsehspiels im ZDF« und von ihr besonders Annegret Even, Christoph Holch und Eckart Stein.

Abkürzungen: R = Regie (nur genannt, wenn ein Co-Regisseur mitgearbeitet hat). – B = Buch. – K = Kameraführung. – Sch = Schnitt, Montage. – M = Musik (für deren Zusammenstellung immer Schroeter selbst verantwortlich zeichnet). – T = Ton. – Ra = Regieassistenz. – D = Darsteller. – P = Produktionsfirma. – Pd = Produzent. – Pl = Produktionsleiter. – Red = Redakteur. – F = Format. N 8, S 8 = Normal 8, Super 8. – sw = Schwarzweiß. – L = Länge (bei den N 8-Filmen berechnet für eine Geschwindigkeit von 18 Bildern/Sek., bei den Fernsehproduktionen von 25 Bildern/Sek., bei den Kinofilmen von 24 Bildern/Sek. – DE = Deutsche Erst-, bzw. Uraufführung (Festival oder Kino). – TV = Fernsehausstrahlungen in der Bundesrepublik. – V = derzeitiger Verleih in der Bundesrepublik.

1967 VERONA. – K, Sch: Schroeter. – F: N 8, stumm. – sw. – L: 10 Min. – Der Film ist möglicherweise identisch mit ZWEI KATZEN, den Schroeter in Knokke 1967/68 vorgeführt haben will und dessen Kopie in älteren Filmografien als verschollen gilt.

1968 CALLAS WALKING LUCIA. – B, K, Sch: Schroeter. – D: Fotos der Callas als Lucia. – F: N 8, stumm. – sw. – L: 3 Min.

1968 CALLAS-TEXT MIT DOPPELBELEUCHTUNG. – K, Sch: Schroeter. – F: N 8; stumm. – sw. – L: 5 Min.

1968 MARIA CALLAS PORTRÄT. – K, Sch: Schroeter. – M: Giuseppe Verdi: Ein Maskenball; Vincenzo Bellini: Die Puritaner. – D: Fotos der Callas. – F: N 8, separater Ton. – sw und Farbe. – L: 17 Min.

1968 MONA LISA. – R, B, K, Sch: Verner (sic im Nachspann; = Schroeter). – M: Luigi Cherubini: Medea; Giuseppe Verdi: Ein Maskenball und Die Macht des Schicksals; Gaetano Donizetti: Lucia di Lammermoor; Bruchstücke aus einem Valente-Schlager. – D: Fotos der Callas, Reproduktion der Mona Lisa. – F: N 8, separater Ton. – Farbe und sw. – L: 35 Min.

1968 MARIA CALLAS SINGT 1957 REZITATIV UND ARIE DER ELVIRA AUS ERNANI 1844 VON GIUSEPPE VERDI. – K, Sch: Schroeter. – M: Giuseppe Verdi: Ernani. – F: N 8, separater Ton. – sw. – L: 15 Min.

1968 ÜBUNGEN MIT DARSTELLERN. – Neun ungeschnittene N 8-Rollen mit aufgeklebter Numerierung, die aber willkürlich zu sein scheint, weswegen hier in Übereinstimmung mit der Kommentierten Filmografie eine andere Gliederung vorgeschlagen wird:

Rolle 4 (ohne Titel): K: Schroeter. – D: Magdalena Montezuma. – Farbe. – L: 3 Min.
Rolle 6 (ohne Titel): K: ? (nicht Schroeter). – D: Schroeter. – sw. – L: 3 Min.
Rolle 5 (ohne Titel): K: Schroeter. – D: Steven Adamczewski. – sw. – L: 3 Min.
Rolle 2 (ohne Titel): K: Schroeter. – D: Steven Adamczewski, Magdalena Montezuma. – sw. – L: 3 Min.
Rolle 1 (ohne Titel): K: Schroeter. – D: Magdalena Montezuma und ein unbekanntes junges Mädchen. – sw. – L: 3 Min.
Rolle 7 (ICA VILANDER): K: Schroeter. – D: Ica Vilander. – sw. – L: 3 Min.
Rolle 8 (CARLA SALOME): K: Schroeter. – D: Carla Aulaulu. – Farbe. – L: 3 Min.
Rolle 9 (CARLA SINGT CALLAS): K: Schroeter. – D: Carla Aulaulu. – Farbe. – L: 3 Min.
Rolle 3 (ohne Titel): K: ? (nicht Schroeter). – D: Schroeter, Carla Aulaulu u. a. – Farbe. – L: 3 Min.
Alle Rollen sind unmontiert und stumm. – Die Rollen 5 und 2 gehören vielleicht zusammen und sind vielleicht mit dem von Wenders genannten Film DIE GRABSCHÄNDUNG identisch; bei der Rolle 8 handelt es sich möglicherweise um SALOME'S DANCE aus Wenders' Filmografie.

1968 LA MORTE D'ISOTTA. – R: Verner (= Schroeter). – B: Schroeter, unter Verwendung von Lautréamonts *Les Chants de Maldoror.* – Sch: Schroeter. – M: Hector Berlioz: Requiem; Wolfgang Amadeus Mozart: Requiem; Richard Wagner: Tristan. – D: Rita Bauer, Marlene (= Knut) Koch, Schroeter, Joachim Bauer, Truùla Bartek. – F: N 8, separater Ton. – Farbe. – L: 50 Min.

1968 HIMMEL HOCH. – B, K, Sch: Schroeter. – M: Die Weihnachtslieder *Vom Himmel hoch, Stille Nacht, heilige Nacht* und ein *Ave Maria,* englisch gesungen von Leontyne Price. – D: Steven Adamczewski, Rita und Joachim Bauer. – F: N 8, separater Ton. – sw. – L: 12 Min.

1968 PAULA – »JE REVIENS«. – B, K, Sch: Schroeter. – M: Antonio Soler: Sonate für Cembalo; Ludwig van Beethoven: Violinsonate F-Dur. – D: Heidi Lorenzo, Rita Bauer, Suzanne Sheed, Marlene (= Knut) Koch, Truùla Bartok, Schroeter. – F: N 8, separater Ton. – Farbe. – L: 35 Min. – Eine (nur bei der Musik?) überarbeitete, auf 16 mm und Magnetton umkopierte Fassung wurde am 11. 10. 1972 bei der Mannheimer Filmwoche gezeigt.

1968 GROTESK – BURLESK – PITTORESK. – R, B, K: Schroeter und Rosa von Praunheim. – Sch: Schroeter. – D: Magdalena Montezuma, Rosa von Praunheim. – F: N 8, stumm. – Farbe und sw. – L: unsicher, nach Wenders 60 Min., nach anderen Quellen 40 Min.

1968 FACES. – B: Schroeter. – K: Rosa von Praunheim (?). – D: Heidi Lorenzo, Knut Koch (?). – F: S 8, stumm. – sw. – L: ca. 20 Min. – FACES ist eine Vorstudie von AGGRESSIONEN.

1968 AGGRESSIONEN. – B, K, Sch: Schroeter. – T: Geräusche, Trivialmusik, unzusammenhängende Sätze, montiert von Schroeter. – D: Heidi Lorenzo und ein Mann (Knut Koch?), dessen Gesicht unsichtbar bleibt. – Gedreht vermutlich in Heidelberg. – F: 16 mm. – sw. – L: 22,5 Min.

1968 NEURASIA. – B, K, Sch: Schroeter. – M: Dajos Bela und sein Orchester; Percy Sledge: My special prayer; Jazz; Hawai-Musik. – D: Carla Aulaulu, Magdalena Montezuma, Rita Bauer, Steven Adamczewski. – F: 16 mm. – sw. – L: 41 Min. – DE: 1969, Hamburger Filmschau (?). – V: Freunde der deutschen Kinemathek.

1968 ARGILA. – B, K, Sch: Schroeter. – M: Caterina Valente (Dreh dich nicht um, Haiti Cherie, Wo meine Sonne scheint); Gaetano Donizetti: Lucia di Lammermoor; Giacomo Meyerbeer: Dinorah; Max Bruch: Violinkonzert; Ludwig van Beethoven: Klavierkonzert Nr. 5; Giuseppe Verdi: La Traviata und Die Macht des Schicksals; Franz Liszt: Klavierkonzert Es-Dur; Antonio Vivaldi (?): Flötenkonzert; Hawai-Lied. – D: Gisela Trowe, Magdalena Montezuma, Carla Aulaulu, Sigurd Salto. – P: Schroeter. – F: 16 mm, Doppelprojektion. – Farbe und sw. – L: 36 Min. – DE: 1969, Hamburger Filmschau (?). – Bei der Doppelprojektion läuft links die sw-Kopie, rechts, bei geringfügiger Überschneidung in der Mitte der Leinwand, die farbige Kopie.

1968 VIRGINIA'S DEATH. – B, K, Sch: Schroeter. – M: Ludwig van Beethoven: Fidelio. – D: Magdalena Montezuma, Heidi Lorenzo (?), Carla Aulaulu (?), Steven Adamczewski (?). – F: 16 mm, stumm. – sw. – L: 9 Min. – Ein unveröffentlichtes Fragment, das offensichtlich niemand gesehen hat.

1969 EIKA KATAPPA. – B, K: Schroeter; für VIOLETTA (Teil 8 des Films): Robert van Ackeren. – Sch: Schroeter. – M: Giuseppe Verdi: Rigoletto; Krystof Penderecki: Stabat Mater; Tango Violetta; Ludwig van Beethoven: Trauerkantate zum Tode Joseph II.; Penderecki: Anaklasis; Verdi: Ernani; Verdi: Die Macht des Schicksals; Caterina Valente: Spiel noch einmal für mich, Habanero; Gaspare Spontini: Die Vestalin; Verdi: Der Troubadour; Vincenzo Bellini: Die Puritaner; Johann Strauß: An der schönen blauen Donau; Ich werd' dich nie, nie, nie vergessen (gesungen von Carla Aulaulu); Ambroise Thomas: Hamlet; Tango (aus der deutschen Fassung von Buñuels *Un chien andalou*); Conchita Supervia: De Espana vengo; Elisabeth Flikkenschildt: Chanson aus dem Film *Das Gasthaus aus der Themse;* Muß i denn zum Städele hinaus (vom Klavier gespielt); Roy Buckingham: Love is a golden ring; Beethoven: Fidelio; Wolfgang Amadeus Mozart: Messe in c-Moll; Giacomo Puccini: Tosca; Georges Bizet: Carmen; Milva: La Miniera; Mozart: Klavierkonzert in G-Dur; Richard Strauß: Im Abendrot; Save the last dance for me; Verdi: Maskenball; zwei nichtidentifizierte Arien. – D: Gisela Trowe, Carla Aulaulu, Magdalena Montezuma, Alix von Buchen, Rosy-Rosy, Rita und Joachim Bauer, René Schönberg (Schenenberg?), Ingo und Sigurd Salto, Stefan von Haugk, Camille Calabrese, Marlene (= Knut) Koch, Rosa von Praunheim. – Gedreht u. a. in Heidelberg. – P: Schroeter. – F: 16 mm. – sw; VIOLETTA: Farbe. – L: 144 Min. – DE: 10. 10. 1969, Mannheim. – TV: 10. 5. 1970 BR III (um den letzten Teil gekürzt), 16. 10. 1971/12. 10. 1974 WDR III, 13. 1. 1972 HR III. – V: atlas film + av.

1969 NICARAGUA. – B: Schroeter. – K: Robert van Ackeren. – D: Carla Aulaulu, Magdalena Montezuma, Gavin Campbell. – P: Peter Berling. – F: 16 mm. – sw. – L: ca. 80 Min.

1970 DER BOMBERPILOT. – B, K, Sch: Schroeter. – M: Franz Liszt: Les Préludes; Johann Strauß: An der schönen blauen Donau; Zarah Leander: Davon geht die Welt nicht unter; Giuseppe Verdi: Il Masnaderi; Jan Sibelius: Valse Triste; Peter Alexander: Das ist alles längst vorbei; Verdi: Don Carlos; Wolfgang Amadeus Mozart: Horn-Konzert Es-Dur Nr. 4; Strauß: Wiener Blut; Leonhard Bernstein: West-Side-Story; Catarina Valente: Schwarzer Engel; Verdi: Nabucco; Josef Rixner: Blauer Himmel; Bizet/Hammerstein: Carmen Jones; Moises Vivanco: Inkalied; Franz Léhar: Giuditta. – Ra: Daniel Schmid. – D: Carla Aulaulu (Carla), Mascha Elm (Mascha), Magdalena Montezuma (Magdalena), Suzanne Sheed, Schroeter. – P: Schroeter im Auftrag des ZDF. – Gedreht vom 28. 8. bis 11. 9. 1970. – F: 16 mm. – Farbe. – L: 65 Min. – TV: 3. 11. 1970 ZDF.

1970 ANGLIA. – B: Schroeter. – K: Jörg Schmidt-Reichwein. – Ra: Ulli Lommel. – D: Magdalena Montezuma, Carla Aulaulu, Mascha Elm-Rabben, Kathrin Schaake, Lommel, Stefan Hurdalek, Hannes Gromball. – P: Atlantis Film. – Pd: Lommel. – F: 16 mm. – Farbe. – unveröffentlicht.

1971 SALOME. – B: Schroeter, nach Oscar Wildes Stück in der Übersetzung von Hedwig Lachmann-Landauer. – K: Robert van Akkeren. – Sch: Ila von Hasperg. – M: Gaetano Donizetti: Lucia di Lammermoor; Wolfgang Amadeus Mozart: Streichquartett; Rosita Serano: La Paloma; Richard Strauß: Salome; Richard Wagner: Rienzi; Luigi Arditi: Walzer; Antonio Soler: Orgelkonzert; Maria Cebotari: Bei dir, Jammer, bei dir; Giacomo Meyerbeer: Der Prophet; Hector Berlioz: Lelio; Libanesisches Tanzlied; Christoph Willibald Gluck: Alceste; Vincenzo Bellini: Die Puritaner; Conchita Supervia: Heras Muertas; Giuseppe Verdi: Ein Maskenball. – T: Günther Stadelmann (auf seinen Wunsch aus dem Nachspann gestrichen). – Maske, Kostüme: Elfi Mikesch. – Ra: Harry Baer. – D: Mascha Elm-Rabben (Salome), Magdalena Montezuma (Herodes), Ellen Umlauf (Herodias), Thomas von Keyserling (Jochanaan), René Schönberg (Schenenberg?) (Narraboth), Joachim Paede (Page der Herodias), Laiendarsteller aus dem Libanon. – Gedreht vom 11. 1. bis 3. 2. 1971 in Baalbek bei Beirut. – P: Ifage im Auftrag des ZDF. – Pl: Wolfgang von Fumetti. – Red: Christoph Holch. – F: 16 mm. – Farbe. – L: 81 Min. – DE: 9. 10. 1971, Mannheim. – TV: 11. 6. 1971/3. 7. 1973 ZDF.

1971 MACBETH. – B: Schroeter, nach Motiven von William Shakespeare und Giuseppe Verdi. – K: Horst Thürling. – M: Verdi: Macbeth und Rigoletto, bearbeitet von Horst Franke und Hans Schepior. – T: Kurt Lange. – Kostüme: Magdalena Montezuma. – D: Annette Tirier (Lady Macbeth), Susi (Macbeth), Stefan von Haugk (Macbeth), Michael Bolze (Macbeth), Sigurd Salto (Duncan), Magdalena Montezuma, Ingrid Seidenfaden, Suzanne Sheed, Christine Ebers (3 Hexen). – P: Hessischer Rundfunk. – Red: Dietmar Schings. – MAZ-Produktion. – Farbe. – L: 60 Min. – TV: 18. 12. 1971/14. 3. 1974 HR III, 29. 12. 1971/23. 12. 1978 WDR III.

1971 FUNKAUSSTELLUNG 1971 – HITPARADE. – Die von ZDF in Auftrag gegebene MAZ-Produktion wurde nicht gesendet. Mitwirkende waren: Christian Anders, Mary Roos, Erik Silvester, Kosta Kordalis, Lena Valaitis, Erna und Carl aus Berlin, Annette Tirier (?).

1971 DER TOD DER MARIA MALIBRAN. – B, K: Schroeter. – Sch: Schroeter, Ila von Hasperg. – M: Johannes Brahms: Rhapsodie für Alt und Orchester; Ludwig van Beethoven: Tripelkonzert C-Dur; Ambroise Thomas: Mignon; Candy Darling: St. Louis Woman; Catarina Valente: Spiel noch einmal für mich, Habanero; Igor Strawinski: Le Sacre du Printemps; Beethoven: Violinkonzert; C. Darling: Ramona; J. Rogers: Love of a boy; Wolfgang Amadeus Mozart: Konzert für Klavier und Orchester C-Dur; Marlene Dietrich: Die Mundharmonika; Mozart: Figaros Hochzeit; Luigi Cherubini: Requiem; La Petite Tonkinoise; Mozart: Krönungsmesse; Marti: Weihnachtsmesse; Georg Friedrich Händel: Sonate für Flöte und Cembalo; Giacomo Puccini: Gianni Schicchi; Gioacchino Rossini: Semiramide. – D: Magdalena Montezuma (Maria Malibran), Christine Kaufmann, Candy Darling, Manuela Riva, Ingrid Caven, Annette Tirier, Einar Hanfstaengl, Gabor von Lessner, Kurt Jungmann, S. Frascotti und Joachim Bauer (nicht in der Absage). – P: Schroeter im Auftrag des ZDF. – Gedreht im Juli und August 1971 u. a. in Schwetzingen, Wilhelmsbad bei Hanau, Neapel, Wien. – F: 16 mm. – Farbe. – L: 104 Min. – TV: 2. 3. 1972/8. 1. 1976 ZDF.

1972/73 WILLOW SPRINGS. – B, K: Schroeter. – Sch: Ila von Hasperg, Schroeter. – M: Ambroise Thomas: Mignon; Andrew Sisters: Rum and Coca Cola; Camille Saint-Saens: Havanaise; Alma Gluck: Aloha Ohe; Johann Strauß: Die Fledermaus; Jugoslawische Folklore; Bob Grabeau: Wonder in Lourdes; Georges Bizet: Carmen; Spieluhr; The Blue Ridge Rangers: Jambalaya; Saint-Saens: Samson und Delila; Charles Gounod: Margarethe; A. Boito: Mefistofele; Andrew Sisters: Strip-Polka. – T: Schroeter. – D: Magdalena Montezuma, Christine Kaufmann, Ila von Hasperg, Michael O'Daniels. – Gedreht in Willow Springs, Mojove Desert. – P: Schroeter im Auftrag des ZDF. – F: 16 mm. – Farbe. – L: 78 Min. – DE: 10. 10. 1973, Mannheim (?). – TV: 3. 4. 1973/22. 1. 1975 ZDF.

1973/74 DER SCHWARZE ENGEL. – B, K, Sch: Schroeter. – M: Alabanza a la Virgen (Mexikanisches Gebet); Luis Perez Meza: La Calandria; Catarina Valente: Am Golf von Mexiko; Georg Friedrich Händel: Dank sei dir; Las Golondrinas (mex. Drehorgelmusik); Modern Jazz Quartett: Las Mana Trieste; Johnny Pineapple and his Islanders: Lovely Hula Hands; Max Bruch: Violinkonzert Nr. 1 G-Moll; Castillas Albeniz: Suite Espagnol; Fernando Fernandez: El Plebeyo; O sole mio (alte Aufnahme, instrumental); Georges Bizet: Agnus Dei; Alberto Giordano: Cara mia ben; Jacques Offenbach: Hoffmanns Erzählungen; Aloha Ohe. – D: Ellen Umlauf, Magdalena Montezuma. – Gedreht im November 1973 in Mexico City und Umgebung. – P: Schroeter im Auftrag des ZDF. – F: 16 mm. – Farbe. – L: 71 Min. – TV: 7. 5. 1974.

1971/75 JOHANNAS TRAUM. – B, K. Sch: Schroeter. – Zusammengestellt aus Material von DER TOD DER MARIA MALIBRAN. – F: 16 mm. – Farbe. – L: 30 Min.

1975/76 LES FLOCONS D'OR/GOLDFLOCKEN. – B, K: Schroeter. – Sch: Cécile Decugis. – M: Rouget de Lisle: La Marseillaise (gesungen von Emma Calvé); Georges Bizet: Carmen (gesungen von Conchita Supervia); Mechanische Musik; Glockenspiel; Quando sali de Cuba; Wolfgang Amadeus Mozart: Musik für Glasharmonika; Josephine Baker: Haiti-Chanson; Catarina Valente: Wo meine Sonne scheint; Giuseppe Verdi: Die Macht des Schicksals; Cuco Sanchez: Mexikanische Folklore; Miriam Makeba: Forbidden Love; Hawai-Musik; Cubanische Nationalhymne (gesungen von Magdalena Montezuma); Spieldosenmusik; Alfred Hause Tanzorchester: Adios Muchachos; Max Bruch: Violinkonzert; Edvard Grieg: Klavierkonzert; Schroeter und Peter van Hornbeck: eigene Komposition; Wolfgang Amadeus Mozart: Requiem; La Noche Azul (mex. Folklore); Andréa Ferréol: Mundharmonika-Improvisationen; Mahalia Jackson: I see God; Gioacchino Rossini: Petite messe solenelle; Ismael: Al Alba; Anton Dvořák: Rusalka. – D: Magdalena Montezuma, Ellen Umlauf, Christine Kaufmann, Andréa Ferréol, Bulle Ogier, Ingrid Caven, Isolde Barth, Irene Stamp, Udo Kier, Ila von Hasperg, Carlos Clarens, Rainer Will, Klaus Prochyzycha. – Gedreht im Juli und August 1975 in Paris, Bochum, Ravenna. – P: Les Films du Losange, Paris; I. N. A., Paris; ZDF; Schroeter. – Pl: Lena Schroeter. – Red: Eckart Stein, Annegret Even. – F: 16 mm. – Farbe. – L: 163 Min. – DE: 8. 10. 1976, Mannheim. – TV: 20. 5. 1976 ZDF.

1978 REGNO DI NAPOLI/NEAPOLITANISCHE GESCHWISTER. – B: Schroeter, Wolf Wondratscheck. – K: Thomas Mauch. – Sch: Schroeter, Ursula West. – M: Roberto Pregadio. – T: Tommaso Quattrini. – Kostüme, Ausstattung: Alberte Barsacg, Franco Calabrese. – Ra: Gerardo d'Andrea. – D: Romeo Giro (Massimo Pagano als Kind), Antonio Orlando (Pagano als Jugendlicher), Tiziana Ambretti (Vittoria Pagano als Kind), Maria Antoniella Riegel (Vittoria als Jugendliche), Cristina Donadio (Vittoria als junge Frau), Dino Melé (Vater Pagano), Renata Zamengo (Mutter Pagano), Liana Trouc (Valeria Cavioli-Simonetti), Laura Sodano (ihre Tochter Rosa), Raoul Gimenez (Herr Simonetti), Margareth Clementi (Rosario à Frances), Gerardo d'Andrea (Rechtsanwalt Palumbo), Ida di Benedetto (Pupetta Ferrante), Perry Hogan (amerikanischer Soldat), Lucia Castellaro, Artemia Tomasini, Francesca Battistella, Anna Segnini, Eduardo Mascia, Raffaella Bruno. – Gedreht vom 28. 12. 1977 bis 7. 3. 1978 in Neapel, Pozzuoli und auf der Insel Procida. – P: Dieter Geissler Film, München; P. B. C., Rom; ZDF. – Pd: Peter

Berling. – Red: Christoph Holch. – F: 35 mm. – Farbe. – L: 130 Min. – TV: 8. 6. 1978 ZDF. – V: Filmwelt.

1979/80 PALERMO ODER WOLFSBURG. – B: Schroeter, Giuseppe Fava. – Dialoge: Oracio Torrisi, Schroeter, Klaus Dethloff. – K: Thomas Mauch. – Sch: Ursula West, Schroeter. – M: Alban Berg. – T: Heiko von Swieykowsky. – Kostüme, Ausstattung: Magdalena Montezuma, Alberte Barsacq, Roberto Lagana, Edwin Wengobowski. – D: Nicola Zarbo (Sizilianer in Wolfsburg), Otto Sander (Staatsanwalt), Ida di Benedetto (Giovanna), Magdalena Montezuma (Anwältin), Johannes Wacker (Richter), Antonio Orlando (Orlando, neapolitanischer Gastarbeiter), Brigitte Tilg (Brigitte Hahn), Gisela Hahn (Frau Hahn), Calogero Arancio (Vater), Cavaliere Comparato (Großgrundbesitzer), Padre Pace (Pfarrer), Harry Baer (Hausbesitzer), Ula Stöckl (Schöffin), Tamara Kafka (Zeugin), Ines Zamurović (Dolmetscherin), Isolde Barth (Schlagersängerin). – P: Thomas Mauch Filmproduktion, München; Artco-Film, Genf. – Red: Christoph Holch. – F: 35 mm. – Farbe. – L: 175 Min. – V: prokino.

Arbeiten für Theater und Oper

Die folgende Übersicht enthält die sechs Theaterstücke und die Oper, die Schroeter bisher (15. Dez. 1979) inszeniert hat. Angegeben werden Titel, Autor, Komponist, Bühnenbildner, wichtige Interpreten, das Theater und das Datum der Premiere.

1972 *Emilia Galotti* von Gotthold Ephraim Lessing. – Bühnenbild: Bernd Holzapfel. – Darsteller: Hans-Peter Hallwachs, Jürgen Salomon, Heinz Schubert, Knut Hinz, Peter Lehmbrock, Gisela Trowe, Wolfgang Wolter, Wolfgang Forester, Christine Kaufmann, Daniel Kasztura, Rainer Goernemann, Magdalena Montezuma. – Deutsches Schauspielhaus Hamburg (Malersaal). – Premiere: 28. 5. 1972.

1973 *Salome* von Oscar Wilde (deutsch von Hedwig Lachmann-Landauer). – Bühnenbild: Schroeter, Magdalena Montezuma, Jan Moewes. – Musik: Peer Raben. – Darsteller: Fred Williams, Magdalena Montezuma, Friedrich-Karl Praetorius, Rainer Will, Ingrid Caven, Christine Kaufmann. – Schauspielhaus Bochum. – Premiere: 16. 4. 1973.

1974 *Lukrezia Borgia* von Victor Hugo (deutsch von Georg Büchner). – Bühnenbild: Magdalena Montezuma, Schroeter, Katharina Schüssler. – Musik: Peer Raben. – Darsteller: Magdalena Montezuma, Fritz Schediwy, Siemen Rühaak, Wolfgang Feigl, Rainer Will, Norbert Steinke, Christoph Eichhorn, Thomas Hodina, Marie-Luise

Marjan, Jan Moewes, Tamara Kafka, Anna Lohse, Christa Fuck, Ingeborg Heine, Annelore Lotz, Eva Niedermeier, Johanna Pütz, Nina Steinmann. – Schauspielhaus Bochum. – Premiere: 26. 11. 1974.

1977 *Fräulein Julie* von August Strindberg (deutsch von Peter Weiss). – Bühnenbild: Schroeter, Jan Moewes, Alberte Barsacq. – Musik: Erwin Bootz. – Darsteller: Ingrid Caven, Wolf Schumacher, Tamara Kafka, Nina Schüly, Hilde Lotz, Emilie Müller-Bochat, Hansa Czypionka, Heino Bahner, Hans-Werner Lotz, Wolf-Dieter Schäfer, Volker Störzel, Manfred Wernicke. – Schauspielhaus Bochum (Kammerspiele). – Premiere: 21. 9. 1977.

1977 *Miß Sarah Sampson* von Gotthold Ephraim Lessing. – Bühnenbild: Schroeter. – Musik: Janko Jezovsek. – Darsteller: Heiner Stadelmann, Elisabeth Krejcir, Wolfgang Schumacher, Barbara Klein. – Staatstheater Kassel. – Premiere: 30. 11. 1977.

1978 *Das Käthchen von Heilbronn oder Die Feuertaufe* von Heinrich von Kleist. – Bühnenbild: Schroeter, Hans Peter Schubert. – Musik: Erwin Bootz. – Darsteller: Elisabeth Krejcir, Knut Koch, Herbert Fischer, Wolfgang Schumacher, Barbara Klein, Tana Schanzara, Johannes Wacker, Rainer Will, Barbara Klein, Magdalena Montezuma, Tamara Kafka, Nina Schüly. – Schauspielhaus Bochum. – Premiere: 7. 12. 1978.

1979 *Lohengrin* von Richard Wagner. – Bühnenbild: Schroeter, Walter Perdacher. – Kostüme: Alberte Barsacq. – Musikalische Leitung: James Lockhart. – Darsteller: Roland Bracht, Arley Reece, Barbara Honn, Louis Manikas, Rose Wagemann, Wolker Wyatt. – Opernhaus Kassel. – Premiere: 30. 9. 1979.

Bibliografie

Die Bibliografie enthält Angaben zu den Veröffentlichungen *von* Werner Schroeter und zu Texten *über* ihn und seine Filme. Nach einer Zusammenstellung von Aufsätzen, Artikeln und Buchkapiteln folgen Interviews, danach Material, hauptsächlich Kritiken, zu den einzelnen Filmen. Dabei wurden Festivalberichte nur aufgenommen, wenn sie größere Abschnitte über Schroeter enthalten, von den Fernsehkritiken wurden nur die wirklich substantiellen ausgewählt. Aus Platzgründen werden bei den Kritiken die Überschriften weggelassen. Kritiken zu Schroeters Theaterinszenierungen können in der Bibliothek des Deutschen Filmmuseums in Frankfurt a. M. (Saalgasse 19) eingesehen werden.

Bei den bibliografischen Angaben werden zuerst die deutschen und danach die – wenigen – französischen und englischen Texte aufgeführt. Innerhalb der Sprachen sind die Texte chronologisch geordnet.
Quellen: The New York Times Film Reviews. New York: Arno Press 1970ff. – Karen Jones/FIAF: International Index to Film Periodicals 1972ff. New York/London 1973ff. – Linda Batty: Retrospective Index to Film Periodicals 1930–1971. New York, London: R. R. Bowker 1975.
Hilfeleistung: die Bibliotheken der Deutschen Film- und Fernsehakademie (Berlin), des Deutschen Filmmuseums (Frankfurt am Main), des Deutschen Instituts für Filmkunde (Wiesbaden), des British Film Institute (London); Ulrich Kurowski, Eva M. J. Schmid, Eva Orbanz, Hans Helmut Prinzler, Wilfried Wiegand, Renate Wilhelmi und die Redaktion des »Kleinen Fernsehspiels im ZDF«.

Texte von Werner Schroeter

Viscontis seriöse Nazioperette. in: Filmkritik, März 1970, S. 139-143 (über *La Caduta degli Dei*). – Szenenfolge zu NEURASIA. in: Filmkritik, März 1970, S. 133-135. – Vier Fotografien aus Jean Genets »Un chant d'amour«, ausgesucht von Werner Schroeter. in: Filmkritik, Juni 1972, S. 295-296. – Die Matrosen dieser Welt (oder: »Zwei Herzen erobern die Welt«). Entwurf für einen Film von Werner Schroeter. in: Filmkritik, Juni 1972, S. 297-302. – Eine Tante wie eine Arie. in: Der Spiegel, Nr. 47/1976 (über von Praunheims »Sex und Karriere«). – Der Herztod der Primadonna. in: Der Spiegel, Nr. 40/1977. (zum Tod von Maria Callas) – Warum Tarzan in Afrika bleibt. in: Das Fernsehspiel im ZDF. Heft 18 (September, Oktober, November 1977), S. 54-56. – Zum Inhalt von NEAPOLITANISCHE GESCHWISTER. in: Das Fernsehspiel im ZDF. Heft 20 (März, April, Mai 1978), S. 62. – Arbeitsnotizen zu »All the sailors of the world«. in: S!A!U! (München), Nr. 1/1978, S. 24-30 (Faksimile der 23 Seiten langen Notizen von 1976/1977; vgl. dazu den Entwurf zu »Die Matrosen dieser Welt«). – Thomas Chatterton. Entwürfe vom März, April 1975. in S!A!U! (München), Nr. 2/1978, S. 37-45. (Treatment, Besetzungsliste, Zeichnungen für ein Filmprojekt).

Über Werner Schroeter

Dokumentation
Eva M. J. Schmid, Frank Scurla (Red.): Werner Schroeter. Filme 1968-1970. Hrsg. anläßlich einer Veranstaltung der Volkshochschule

der Stadt Recklinghausen in Zusammenarbeit mit dem Studienkreis Film-Filmclub an der Ruhr-Universität Bochum am 26./27. 3. 1971.

Aufsätze/Artikel/Buchkapitel

Wim Wenders: Filme von Werner Schroeter. in: Filmkritik, Mai 1969. – o. V.: Wie bei den Brüdern Lumière. Filme von Werner Schroeter. in: Film (Velber), Nr. 8, August 1969 (Fotos, vor allem aus ARGILA und NEURASIA, und Zitate aus Wenders' Artikel. – Wilfried Wiegand: Sinnlose Rituale. in: FAZ v. 22. 11. 1969. – o. V.: Gehobene Sprache. in: Der Spiegel, Nr. 45/1970. – Johannes Horstmann: Der Filmemacher Werner Schroeter. in: Kath. Filmkorrespondenz Nr. 7/8 v. 20. 4. 1971. – Ulrich Kurowski: Ein wichtiges Experiment. in: Volkshochschule im Westen, Nr. 3/1971. – Frank Scurla: Werner Schroeter – ein umstrittener Regisseur. in: Jugend Film Fernsehen, Nr. 4/1971. – Andreas Müller: Werner Schroeter verfilmt die Story von Maria Malibran. in: Abendzeitung (München) v. 10. 1. 1972 (mit Statements). – Eva M. J. Schmid: Werner Schroeter oder Die heiligsten Güter. in: Kirche und Film, Nr. 7 v. Juli 1972. – Sebastian Feldmann: Die Sünden wider das Fleisch. Anmerkungen zu Werner Schroeter. I in: Film-Korrespondenz, Nr. 12 v. Dezember 1973. II in: Film-Korrespondenz, Nr. 1 v. Januar 1974. – Eckhart Schmidt: Sehnsucht, das sagt sich so leicht . . . Deutsche Filmemacher (I): Werner Schroeter. in: Süddeutsche Zeitung v. 4. 8. 1974 (vgl. dazu auch das Interview mit Schroeter in der gleichen Nummer, s. unter Interviews). – Raoul Berg: Der ungekrönte König der Filmer. in: Deutsche Zeitung v. 9. 8. 1974. – Ekkehard Pluta: Das denaturierte Gesamtkunstwerk. Der Filmemacher Werner Schroeter. in: medium, Nr. 10, Oktober 1974. – Paul B. Kleiser: Die Wiederkehr des Verdrängten. in: Keller-Kino. Materialien zu den Filmen 1974. Bern: Keller-Kino 1974. – U. (Ulrike) Storch: Die Filmographie – Werner Schroeter. in: Die Information, 3. Jahrgang, Nr. 1 v. Januar 1975. – Martin Schaub: Bilderarbeit. in: CINEMA (Schweiz), Nr. 3/1976 (über Schroeter, Herzog, Wenders, Straub, Nekes, Dore O., Wyborny). – Ulrich Gregor in: U. G.: Geschichte des Films ab 1960. München: C. Bertelsmann 1978. S. 181-182.

Colette Godard: Le festival Schroeter. in: Le Monde v. 10. 8. 1972 (in einem Artikel über das Festival in Avignon; besonders über SALOME und DER TOD DER MARIA MALIBRAN). – Colette Godard: Super-Star underground de Werner Schroeter. in: Le Monde v. 24. 1. 1974. – Gaston Talon: Dossier auteur. Werner Schroeter. in: Cinéma (Paris) Nr. 185, März 1974. – Joris Bayne: Le cinópéra. Une nouvelle avant-garde. in: Ecran, Nr. 23, März 1974 (Analyse der Verwendung der Oper bei Carmelo Bene und Schroeter). – Nicole Casanova: Qui est Werner Schroeter. in: Quotidien de Paris v. 13./14. 4. 1974. – D. O.: Carmelo Bene, Werner Schroeter, Hans Syber-

berg. in: Cinématographe, Nr. 7, April-Mai 1974. – Noël Simsolo: Werner Schroeter ou »pour me poignée de silence«. in: international had (hier, aujourd'hui et demain), Nr. 16.
Alan Greenberg: Notes on Some European Directors. in: American Film, Vol. 3, Nr. 1, Oktober 1977 (über Bertolucci, Schroeter und Herzog).

Interviews/Gespräche
Werner Kließ: Gespräch mit Rosa von Praunheim und Werner Schroeter. in: Film (Velber), Nr. 11, November 1969. – Paul B. Kleiser: Gespräch mit Magdalena Montezuma und Werner Schroeter. in: Filmkritik, September 1973. – Corinna Brocher in: Barbara Bronnen, C. B.: Die Filmemacher. Der neue deutsche Film nach Oberhausen. München, Gütersloh, Wien: C. Bertelsmann 1973. S. 155-170. – Eckhart Schmidt: . . . und das lebt sich so schwer. in: Süddeutsche Zeitung v. 4. 8. 1974 (zusammen mit Schmidts Artikel »Sehnsucht, das sagt sich so leicht« in der gleichen Ausgabe); nachgedr. in: Das Fernsehspiel im ZDF. Heft 11, (Dezember 1975). – Hans-Ulrich Pönack: Auf der Rasierklinge zwischen Selbstmord und Triumph. in: Tip (Berlin), Nr. 3/1979; nachgedr. in: S!A!U! (München), Nr. 4/1979. – Gert Gliewe: Ein Sizilianer in Wolfsburg. in: Stuttgarter Zeitung v. 24. 8. 1979.

Zu einzelnen Filmen

LA MORTE D'ISOTTA
Kritik: o. V. (Jörg Peter Feurich) in: Filmkritik, März 1970 (zusammen mit PAULA – »JE REVIENS«)

PAULA – »JE REVIENS«
Kritik: o. V. (Jörg Peter Feurich) in: Filmkritik, März 1970 (zusammen mit LA MORTE D'ISOTTA).

NEURASIA
Szenenfolge in: Filmkritik, März 1970, S. 133-135.
Kritiken: WR (Wilhelm Roth) in: Süddeutsche Zeitung v. 27. 12. 1968. – Frieda Grafe in: Filmkritik, März 1970; nachgedr. in: F. G., Enno Patalas: Im Off. München: Hanser 1974. S. 252-253.

ARGILA
Kritik: Wolfgang Längsfeld in: Süddeutsche Zeitung v. 7. 7. 1969 (eigentlich nur Bemerkungen über eine Vorführung mit falscher Projektion).

EIKA KATAPPA
Szenenfolge (in engl.) in: Eva M. J. Schmid, Frank Scurla (Red.): Werner Schroeter. Filme 1968-1970. s. oben unter »Dokumentation«.
Schroeter über den Film in: Programmheft. Internationale Filmwoche Mannheim 1969.
Kritiken: Alf Brustellin in: Süddeutsche Zeitung v. 13. 10. 1969. – Klaus Hellwig in: Frankfurter Rundschau v. 14. 10. 1969. – Wolf Donner in: Die Zeit v. 17. 10. 1969. – Enno Patalas in: Filmkritik, November 1969. – fr. in: Münchner Merkur v. 23. 2. 1970. – Joachim Kaiser in: Film (Velber), Nr. 8, August 1970. – Frank Scurla in: Jugend Film Fernsehen, Nr. 5-6/1971.

DER BOMBERPILOT
Kritiken: o. V. in: Der Spiegel, Nr. 45/1970. – W. W. (Wilfried Wiegand) in: FAZ v. 5. 11. 1970. – Eckhart Schmidt in: Süddeutsche Zeitung v. 5. 11. 1970. – Peter F. Gallasch in: Funk-Korrespondenz, Nr. 46 v. 12. 11. 1970. – Josef Rölz in: epd. Kirche und Fernsehen, Nr. 44 v. 14. 11. 1970. – Urs Jenny in: Filmkritik, September 1971 (zusammen mit SALOME).

SALOME
Kritiken: Uta Gote in: Die Welt v. 14. 6. 1971. – Hans Jansen in: WAZ v. 14. 6. 1971. – esch (Eckhart Schmidt) in: Süddeutsche Zeitung v. 14. 6. 1971. – Klaus Hamburger in: Funk-Korrespondenz, Nr. 23 v. 24. 6. 1971. – Urs Jenny in: Filmkritik, September 1971 (zusammen mit DER BOMBERPILOT). – Brigitte Jeremias in: FAZ v. 13. 10. 1971 (Mannheim-Bericht). – U. K. (Ulrich Kurowski) in: medium, Nr. 2, Dezember 1971.

MACBETH
Kritiken: Jörg Peter Feurich in: Filmkritik, Dezember 1971. – o. V. in: Der Spiegel, Nr. 51/1971 (zusammen mit der Version Rosa von Praunheims). – H. S. (Helmut Schmitz) in: Frankfurter Rundschau v. 18. 12. 1971. – W. W. (Wilfried Wiegand) in FAZ v. 21. 12. 1971. – Jörg Peter Feurich in: Filmkritik, Februar 1972 (Vergleich von Schroeters und Praunheims Filmen). – Dieter Brumm in: Süddeutsche Zeitung v. 27. 12. 1978.

DER TOD DER MARIA MALIBRAN
Statements von Schroeter: in: Andreas Müller: Werner Schroeter verfilmt die Story von Maria Malibran. in: Abendzeitung v. 10. 1. 1972.
Kritiken: o. V. in: Der Spiegel, Nr. 11/1972. – W. W. (Wilfried Wiegand) in: FAZ v. 9. 3. 1972. – esch (Eckhart Schmidt) in: Süddeutsche Zeitung v. 9. 3. 1972.
Jacques Siclier in: Le Monde v. 27./28. 1. 1974. – Raphaël Bassan in:

Téléciné, Nr. 185, Februar 1974 (zusammen mit WILLOW SPRINGS). – Jean-Claude Guignet in: Image et son, Nr. 281, Februar 1974.
Roger Greenspun in: The New York Times v. 28. 10. 1972.

WILLOW SPRINGS
Interview: Paul B. Kleiser: Gespräch mit Magdalena Montezuma und Werner Schroeter. in: Filmkritik, September 1973.
Kritiken: mwr (Martin W. R. Brink) in: Frankfurter Rundschau v. 3. 4. 1973. – Eckhart Schmidt in: Süddeutsche Zeitung v. 5. 4. 1973. – koc (Gertrud Koch) in: Frankfurter Rundschau v. 5. 4. 1973. – Cordula Zytur in: Funk-Korrespondenz, Nr. 15 v. 11. 4. 1973.
Jacques Siclier in: Le Monde v. 27./28. 1. 1974. – Raphaël Bassan in: Téléciné, Nr. 185, Februar 1974 (zusammen mit DER TOD DER MARIA MALIBRAN). – A. Cd. (André Cornand) in: Image et Son, Nr. 288/289, Oktober 1974.

DER SCHWARZE ENGEL
Kritiken: Barbara Bronnen in: Frankfurter Rundschau v. 7. 5. 1974. – Eckhart Schmidt in: Süddeutsche Zeitung v. 7. 5. 1974. – fis (Hanns Fischer) in: Frankfurter Rundschau v. 9. 5. 1974. – Hans-Georg Putnies in: FAZ v. 9. 5. 1974.
Jacques Siclier in: Le Monde v. 7. 8. 1975. – M. M. (Marcel Martin) in: Ecran, Nr. 39, September 1975.

LES FLOCONS D'OR/GOLDFLOCKEN
Kritiken: K. W. (Klaus Wienert) in: Der Tagesspiegel v. 4. 1. 1976. – K. W. (Klaus Wienert) in: Frankfurter Rundschau v. 20. 5. 1976. – ern in: Süddeutsche Zeitung v. 20. 5. 1976. – G. R. K. (Gerhard R. Koch) in: Kölner Stadt-Anzeiger v. 22. 5. 1976. – Karl W. Mekiska in: Süddeutsche Zeitung v. 22. 5. 1976. – Eckhart Schmidt in: Süddeutsche Zeitung v. 22. 5. 1976. – ze (Michael Schwarze) in: FAZ v. 22. 5. 1976. – Sc (Frank Scurla) in: Saarbrücker Zeitung von 22. 5. 1976. – Sd (Eberhard Seibold) in: Frankfurter Neue Presse v. 22. 5. 1976. – T. T. (Thomas Thieringer) in: Frankfurter Rundschau v. 24. 5. 1976. – Wilfried Geldner in: epd/Kirche und Rundfunk, Nr. 42 v. 29. 5. 1976.

REGNO DI NAPOLI/NEAPOLITANISCHE GESCHWISTER
Schroeter über den Film: Zum Inhalt. in: Das kleine Fernsehspiel im ZDF. Heft 20 (März, April, Mai 1978), S. 62.
Material: Fotos von Digne Meller Marcovicz in: S!A!U! (München), Nr. 2/1978.
Kritiken: Hans Jansen in: Das Fernsehspiel im ZDF. Heft 20 (März, April, Mai 1978). S. 60-62. – Wolfram Schütte in: Frankfurter Rund-

schau v. 29. 5. 1978. (Cannes-Bericht). – Wilfried Wiegand in: FAZ v. 29. 5. 1978 (Cannes-Bericht). – K. W. (Klaus Wienert) in: Der Tagesspiegel v. 4. 6. 1978; gleichlautend in: Frankfurter Rundschau v. 8. 6. 1978. – Peter Buchka in: Süddeutsche Zeitung v. 8. 6. 1978. – Ulrich Gregor in: Die Zeit v. 9. 6. 1978. – Martin Schaub in: Tages-Anzeiger v. 10. 6. 1978. – W. W. (Wilfried Wiegand) in: FAZ v. 10. 6. 1978. – Eckhardt Schmidt in: Abendzeitung v. 10. 6. 78. – Hans Günter Pflaum in: Film-Korrespondenz, Nr. 25 v. 21. 6. 1978. – Rosa von Praunheim in: Filmkritik, Januar 1979. – Peter W. Jansen in: Kino-Notizen (45). in: Kirche und Film, Nr. 2, Februar 1979. – Wolfram Knorr in: Weltwoche v. 21. 3. 1979. – Rainer Werner Fassbinder in: Frankfurter Rundschau v. 29. 3. 1979. – Bernhard Giger in: ZOOM/Filmberater, Nr. 7 v. 4. 4. 1979. – Hermann Reichold in: Evang. Film-Beobachter, Nr. 8 v. April 1979. – Raimund B. Kern in: Kath. Filmdienst, Nr. 8 v. 18. 4. 1979. – Rolf Siber in: Filmfaust, Nr. 12, 2. Jahrgang 1979. – Martje Grohmann in: Süddeutsche Zeitung vom 16./17. 6. 1979.
Holl (Ronald Holloway) in: Variety v. 28. 6. 1978.
G. H. (Gaston Houstrate) in: Cinéma (Paris), Nr. 235, Juli 1978. – P.-AP. (Paulo Antonio Paranagua) in: Positif, Nr. 208/9, Juli-August 1978.

Für Fotos danken wir Werner Schroeter, vor allem Gerhard Ullmann, der die meisten hier reproduzierten direkt den Kopien entnommen hat, sowie Digne Meller Marcovicz (u. a. S. 19, 27, 42, 45, 53, 57, 67, 72, 84, 147, 149, 151, 178, 179, 182, 183, 185-189, 191).
Für Hilfen danken wir Christoph Holch (ZDF) und Dietmar Schings (ARD) sowie dem Münchner Filmmuseum, in dem die Mitarbeiter dieses Bandes im Frühjahr 1979 eine Retrospektive der Filme Schroeters sahen.

Filmliteratur im Carl Hanser Verlag

Hanser, »der Verlag mit dem konsequenten und einfallsreichen Filmbuch-Programm«. ›Deutschlandfunk‹

Rudolf Arnheim
Kritiken und Aufsätze zum Film

André Bazin
Jean Renoir

Helga Belach (Hg.)
Wir tanzen um die Welt
Deutsche Revuefilme 1933 bis 1945

Bergman über Bergman

Ingmar Bergman
Wilde Erdbeeren und andere Filmerzählungen

Jean Cocteau
Kino und Poesie

Joe Hembus
Western-Lexikon
Western-Geschichte 1540–1894

I. C. Jarvie
Film und Gesellschaft

Helmut Korte (Hg.)
Film und Realität in der Weimarer Republik

Asta Nielsen
Die schweigende Muse

Martin Osterland
Gesellschaftsbilder in Filmen

Hans Günther Pflaum/Rainer Werner Fassbinder
Das bißchen Realität, das ich brauche

Hans Günther Pflaum/Hans Helmut Prinzler
Film in der Bundesrepublik Deutschland

Filmliteratur im Carl Hanser Verlag

Hans Günther Pflaum (Hg.)
Jahrbuch Film 77/78
Jahrbuch Film 78/79
Jahrbuch Film 79/80

Hans Richter
Der Kampf um den Film

Hans Scheugl
Sexualität und Neurose im Film

Werner Sudendorf (Hg.)
Marlene Dietrich
Dokumente, Essays, Filme
2 Bände

Francois Truffaut
Taschengeld

Filmliteratur in der Reihe Hanser:

Sergej M. Eisenstein
Schriften/6 Bände
Schriften 1: Streik
Schriften 2: Panzerkreuzer Potemkin
Schriften 3: Oktober

Werner Sudendorf
Sergej M. Eisenstein
Materialien zu Leben und Werk

Godard
Kritiker

Ulrich Kurowski
Lexikon Film

Ulrich Kurowski
Lexikon des internationalen Films

Peter B. Schumann
Kino und Kampf in Lateinamerika

Dziga Vertov
Schriften zum Film

Filmliteratur im Carl Hanser Verlag

Neuerscheinungen

Pier Paolo Pasolini
Ketzererfahrungen
›Empirismo eretico‹
Schriften zu Sprache, Literatur und Film

John Russell Taylor
Die Hitchcock-Biographie
Alfred Hitchcocks Leben und Werk

in Vorbereitung

Helga de la Motte/Hans Emons
Filmmusik
Theorie und Geschichte

Renate Möhrmann
Filmemacherinnen in der BRD
Ein Handbuch

Eric Rohmer
Murnaus ›Faust‹

Hans Günther Pflaum (Hg.)
Jahrbuch Film 80/81